Comment dessiner pour les enfants

Young Scholar

Young Scholar
An imprint of Ciparum LLC

Comment dessiner pour les enfants
© 2017 Ciparum LLC
All rights reserved.
ISBN-10:1-63589-491-3
ISBN-13:978-1-63589-491-2

www.youngscholar.co

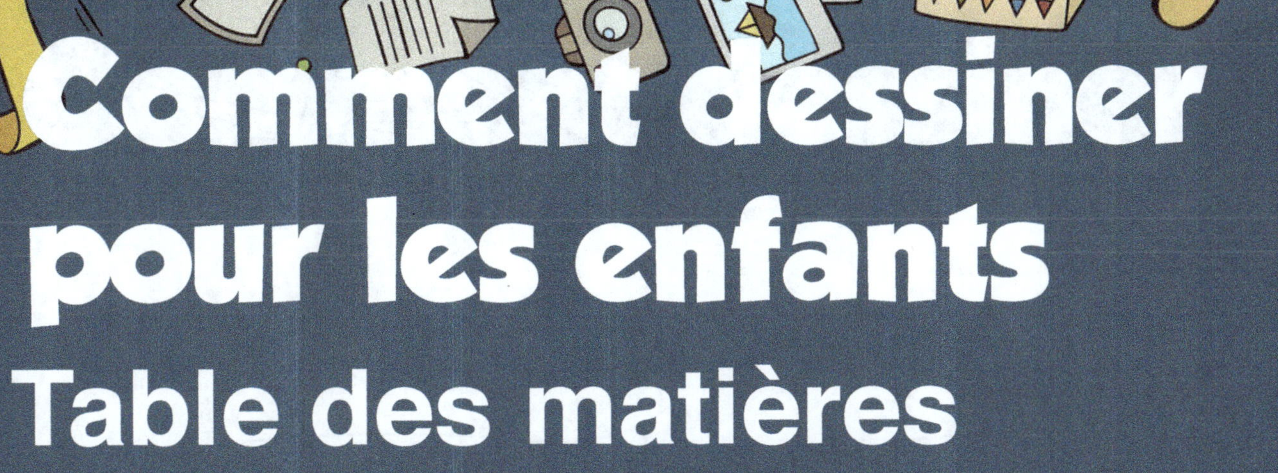

Comment dessiner pour les enfants

Table des matières

Alligator

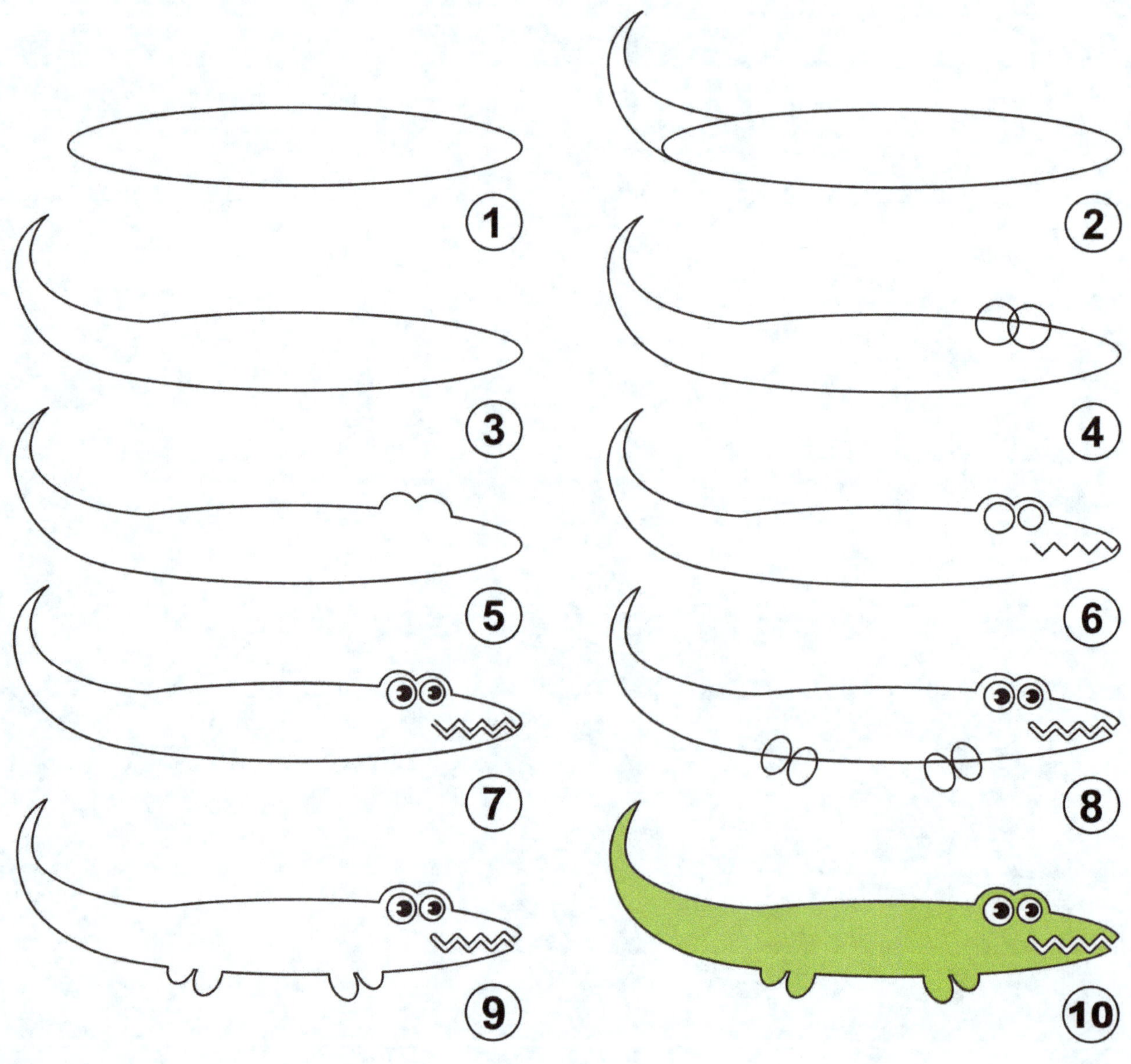

Fourmi

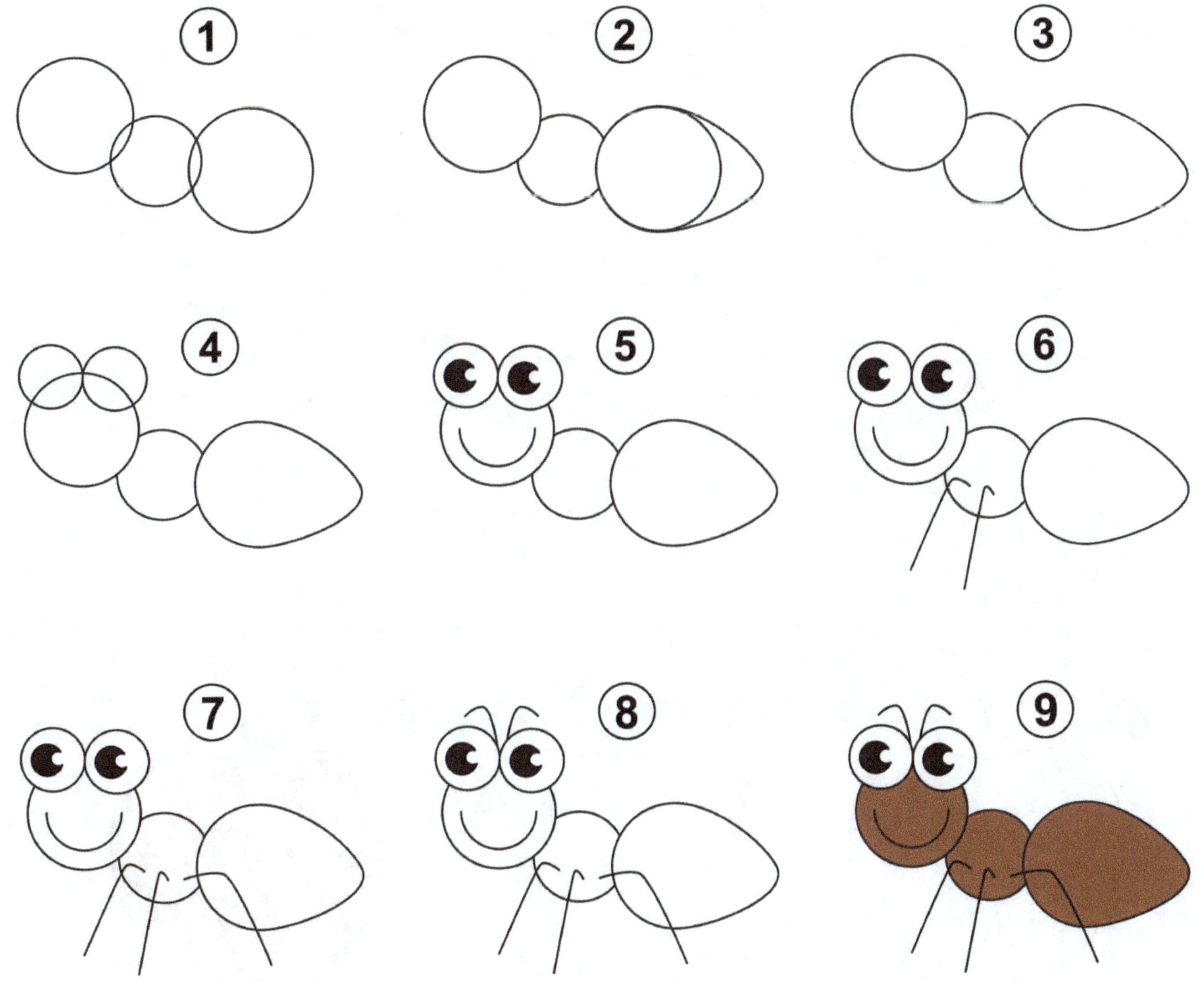

Pomme

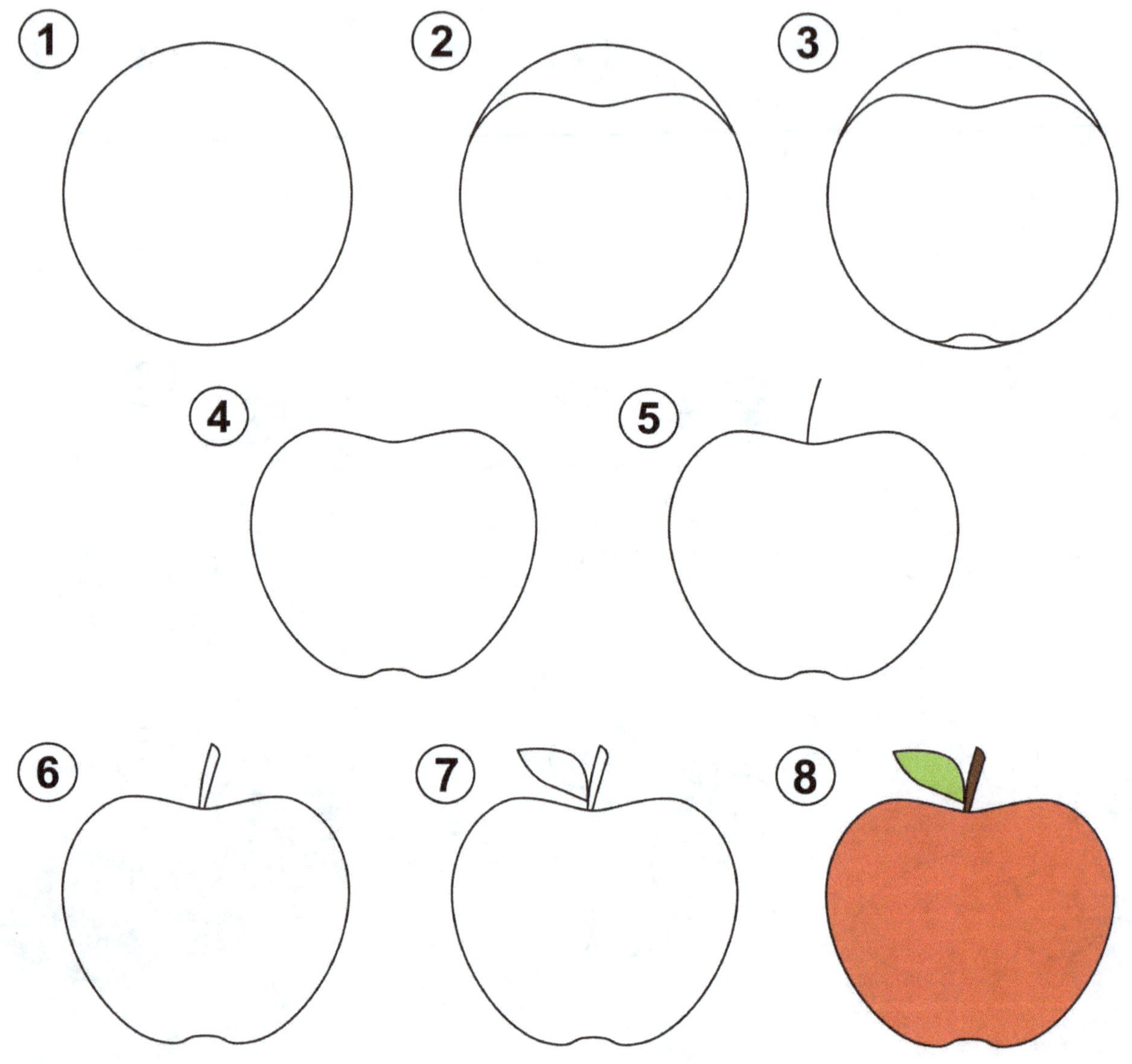

Des ballons

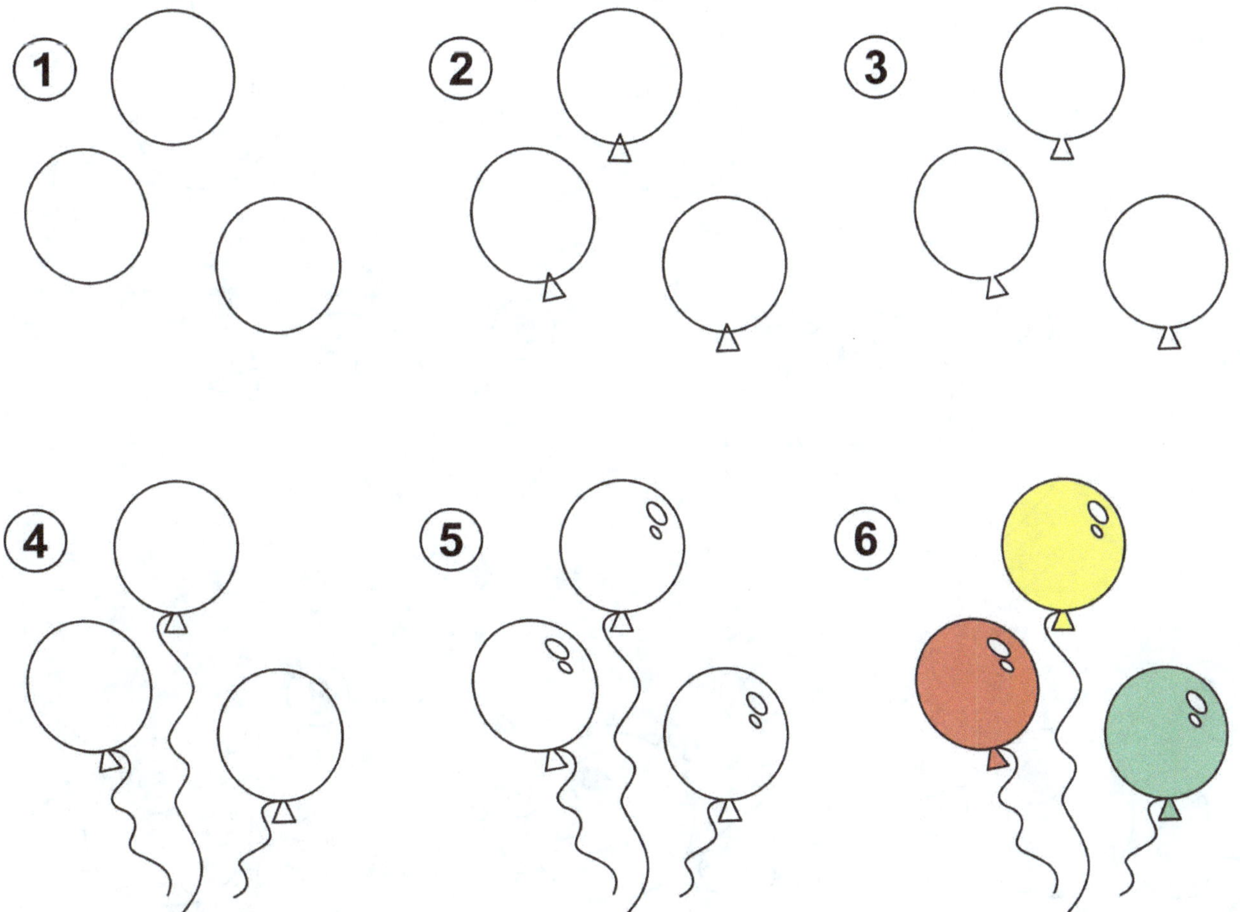

Oiseau

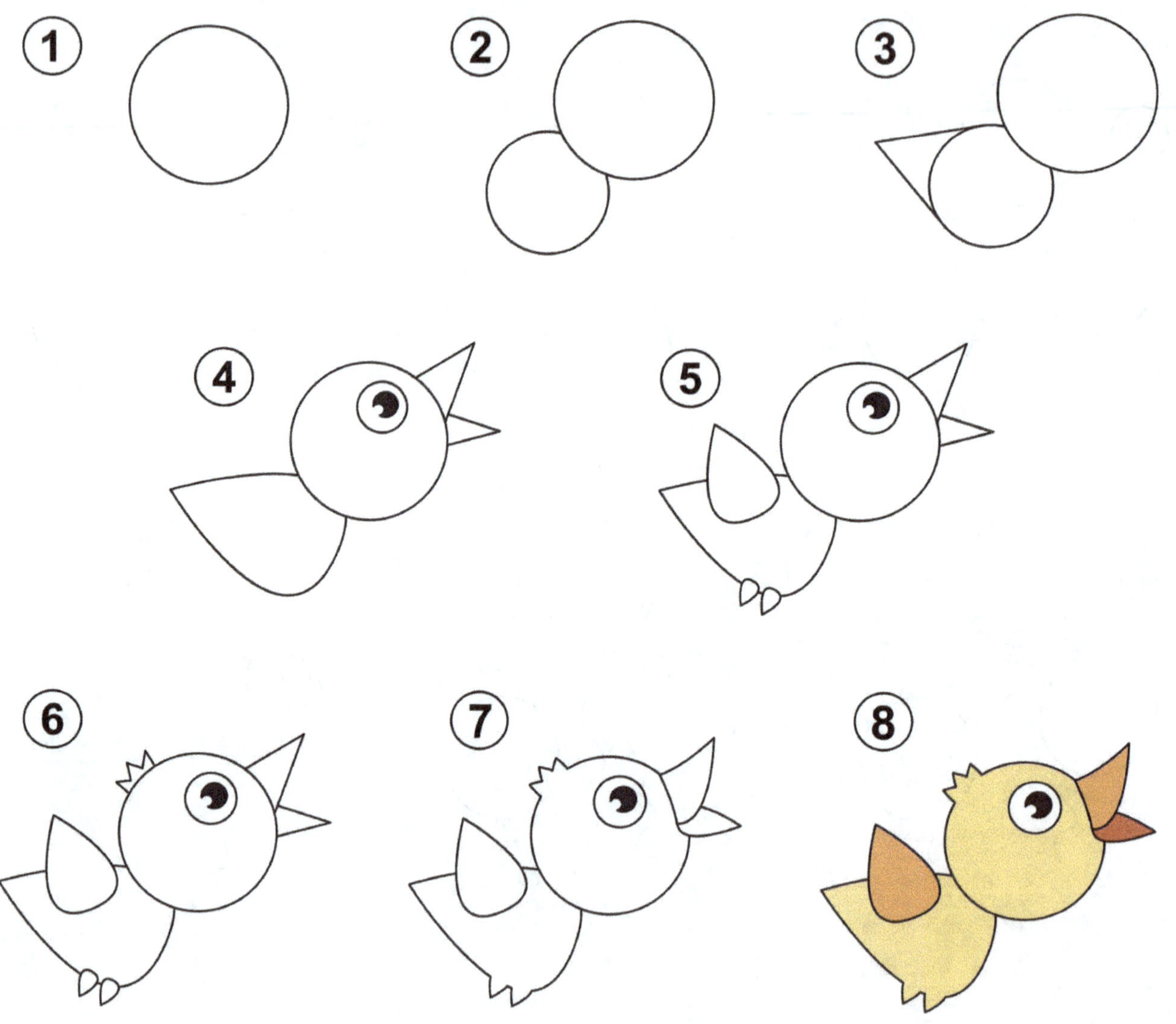

Blassom Branch

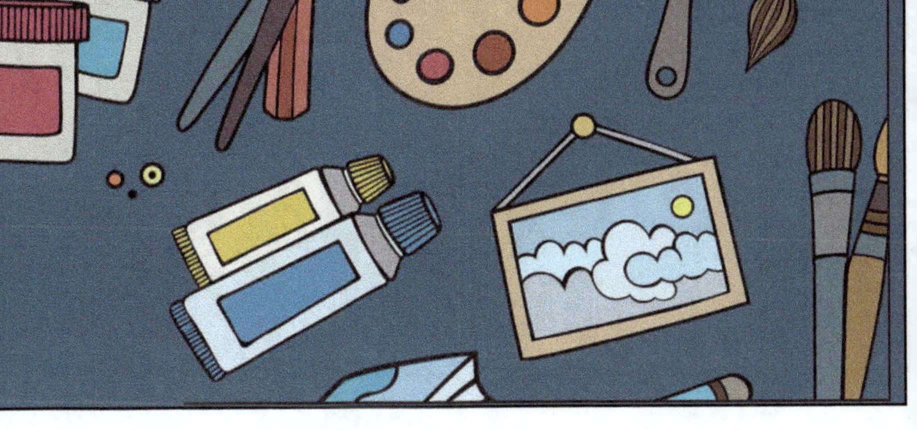

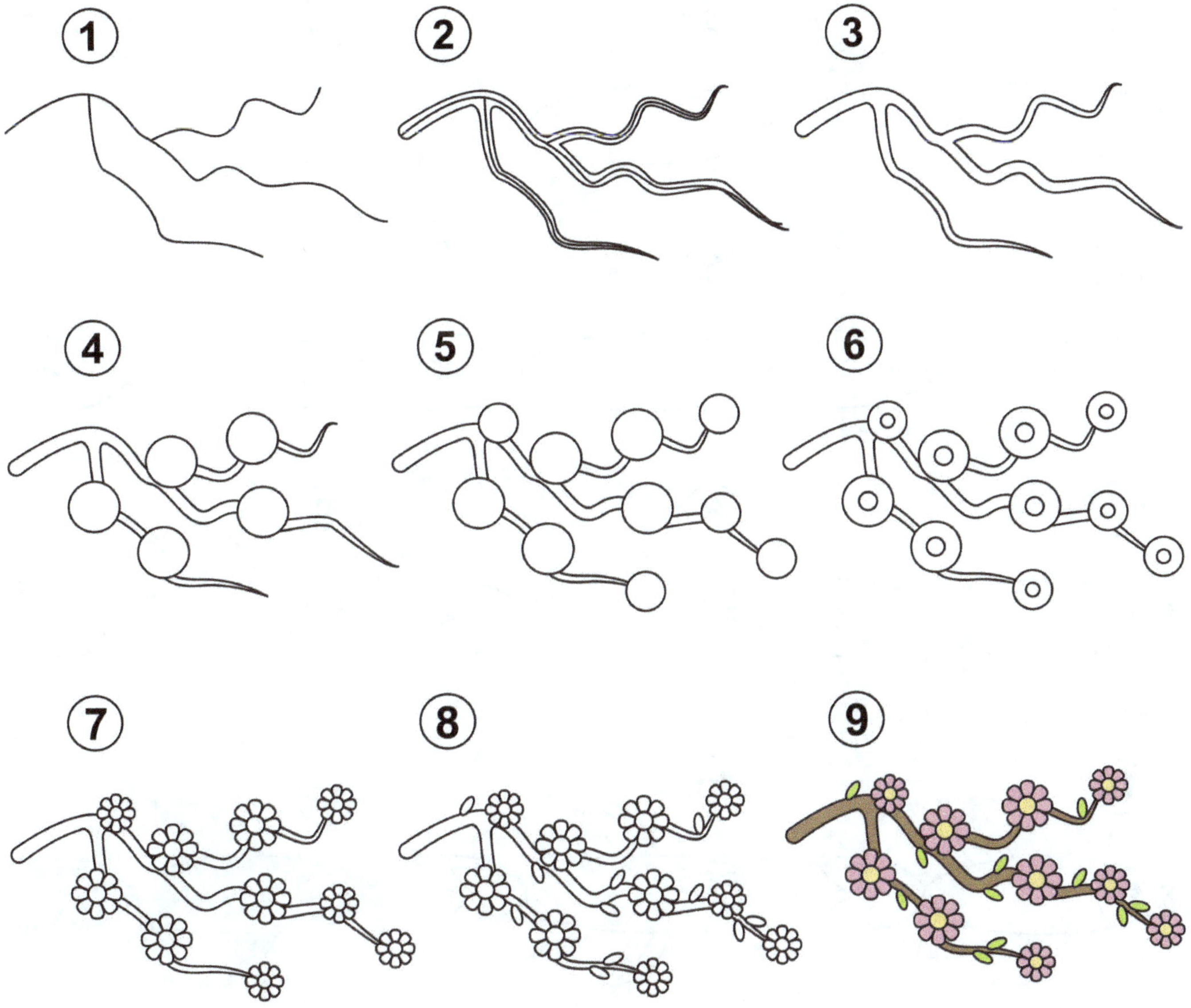

1

2

3

4

5

6

7

8

9

Poisson bleu

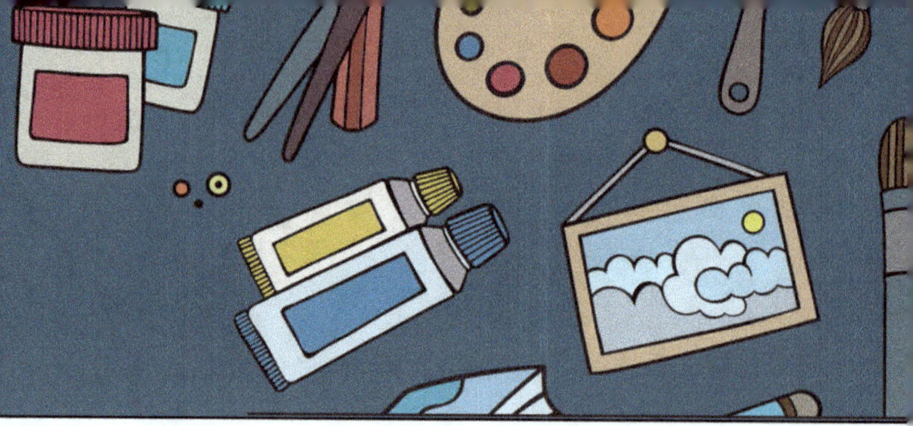

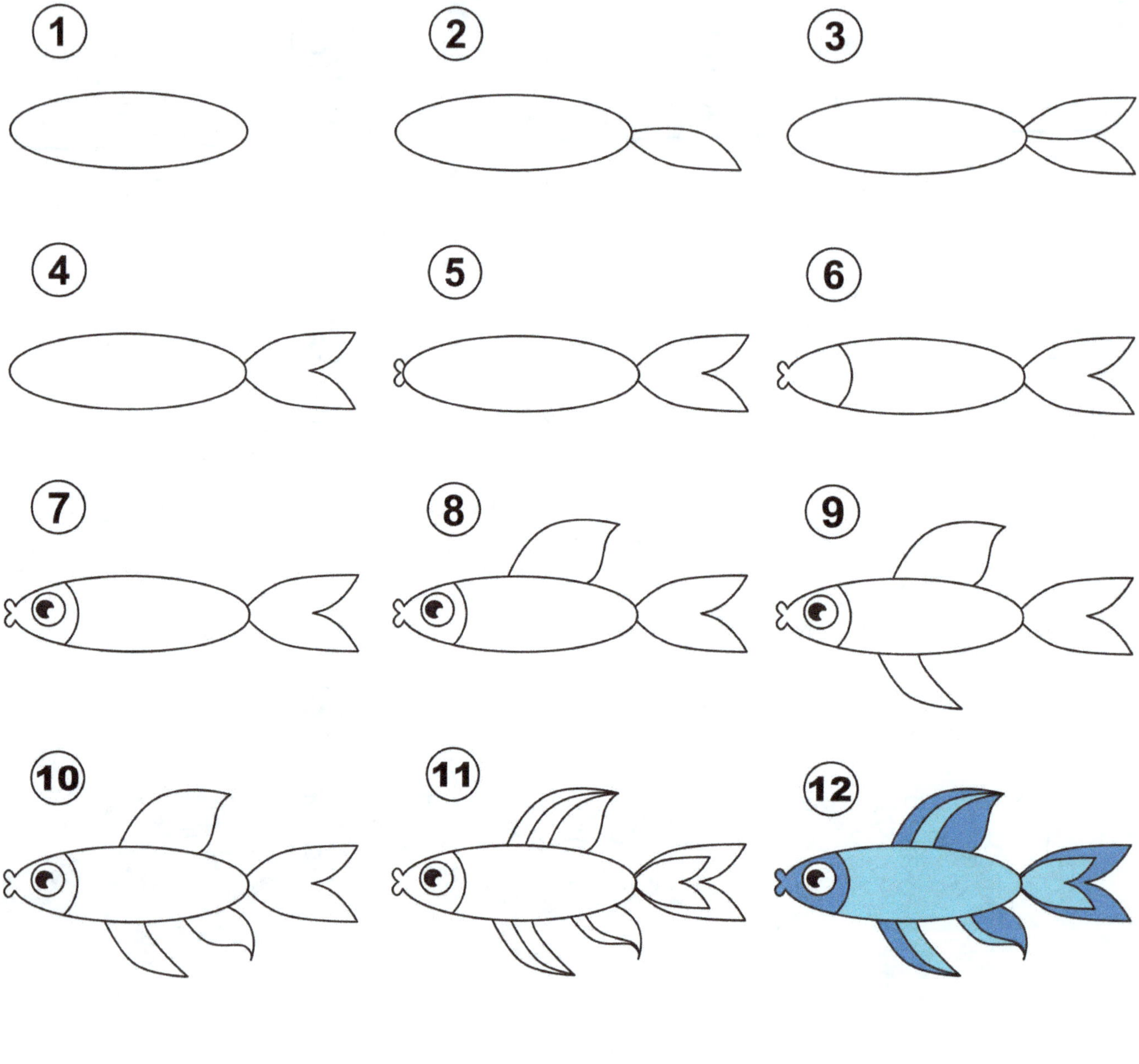

① ② ③

④ ⑤ ⑥

⑦ ⑧ ⑨

⑩ ⑪ ⑫

Bluebell Flower

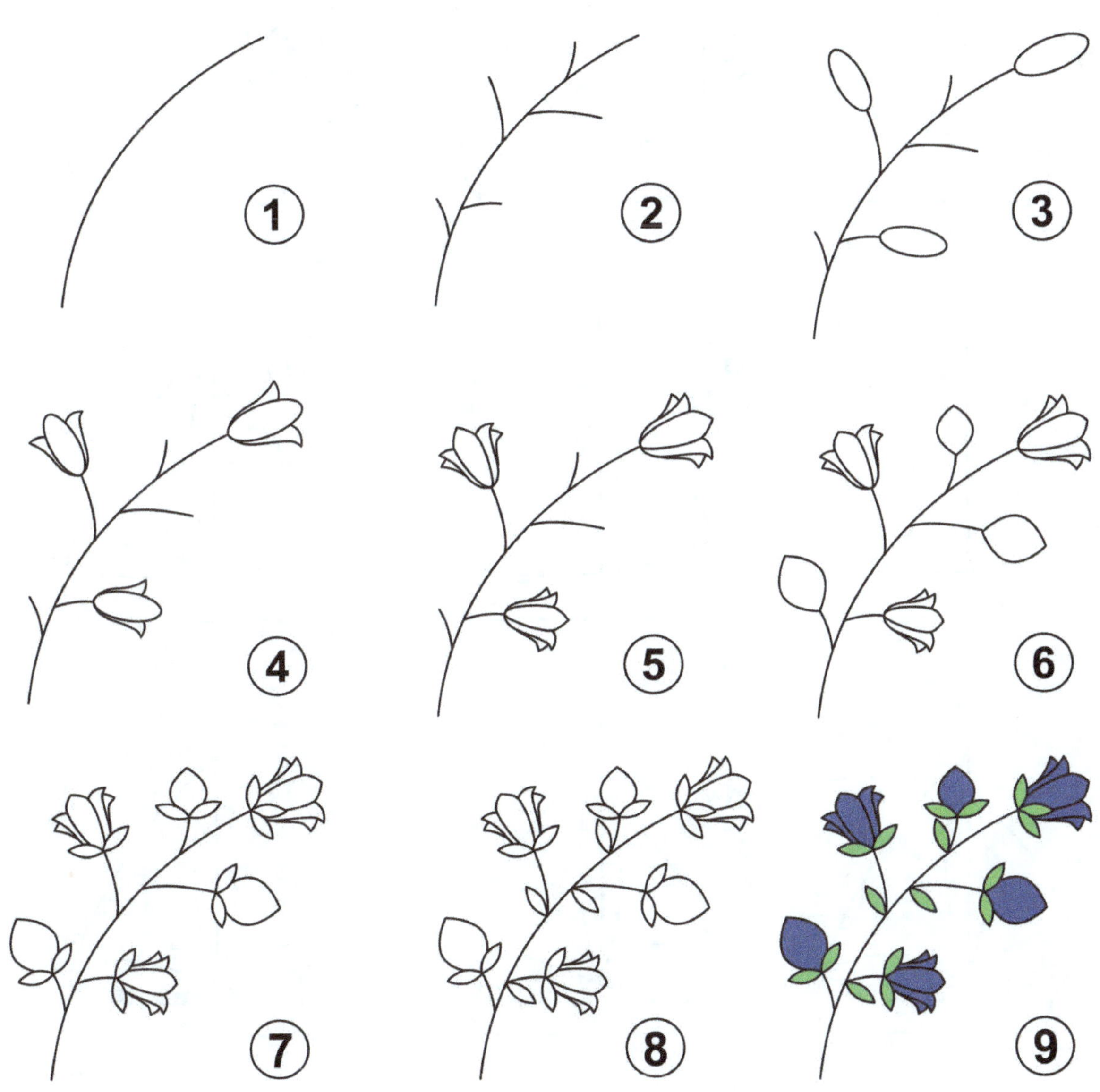

Bateau

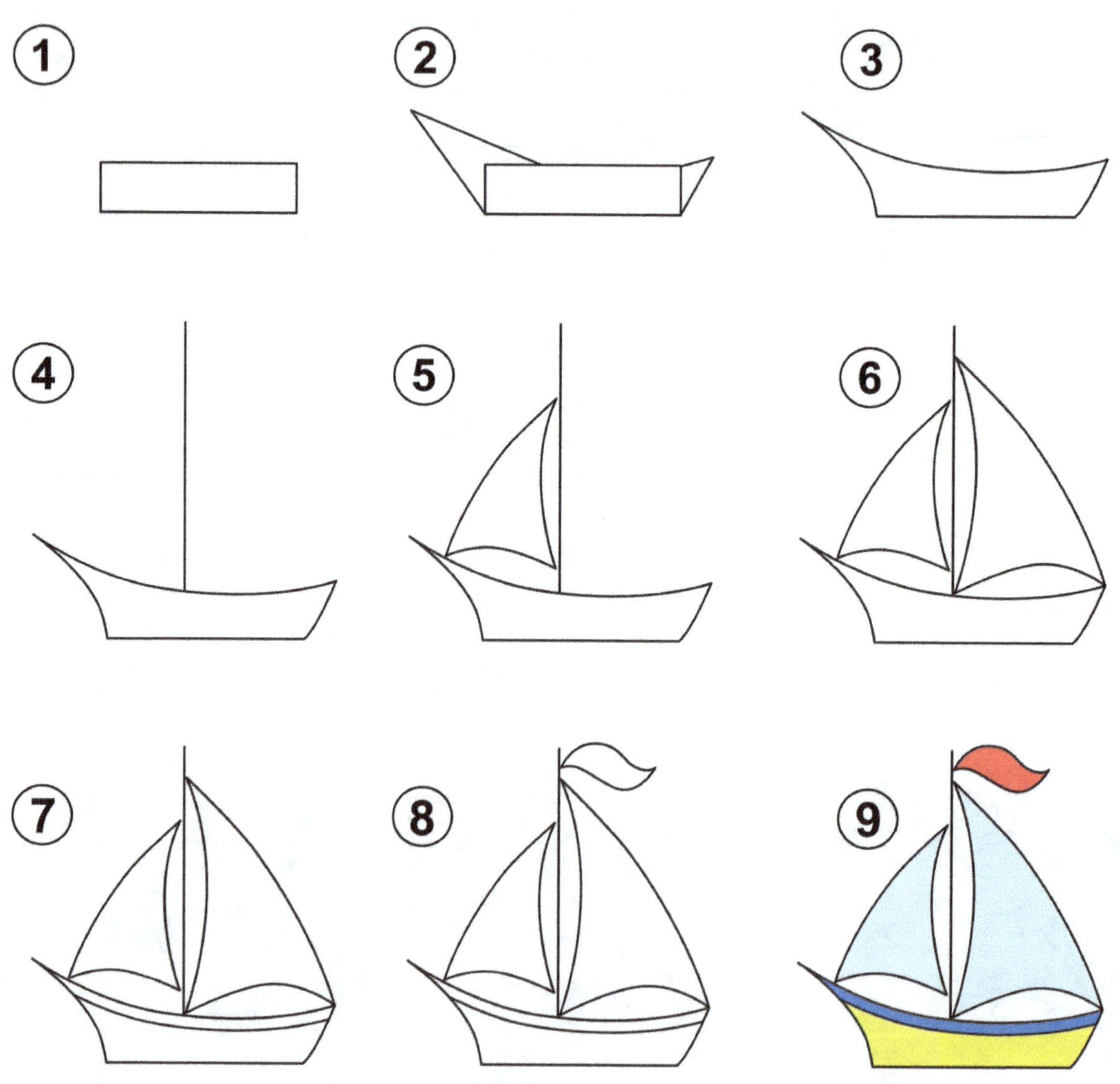

Bouteille

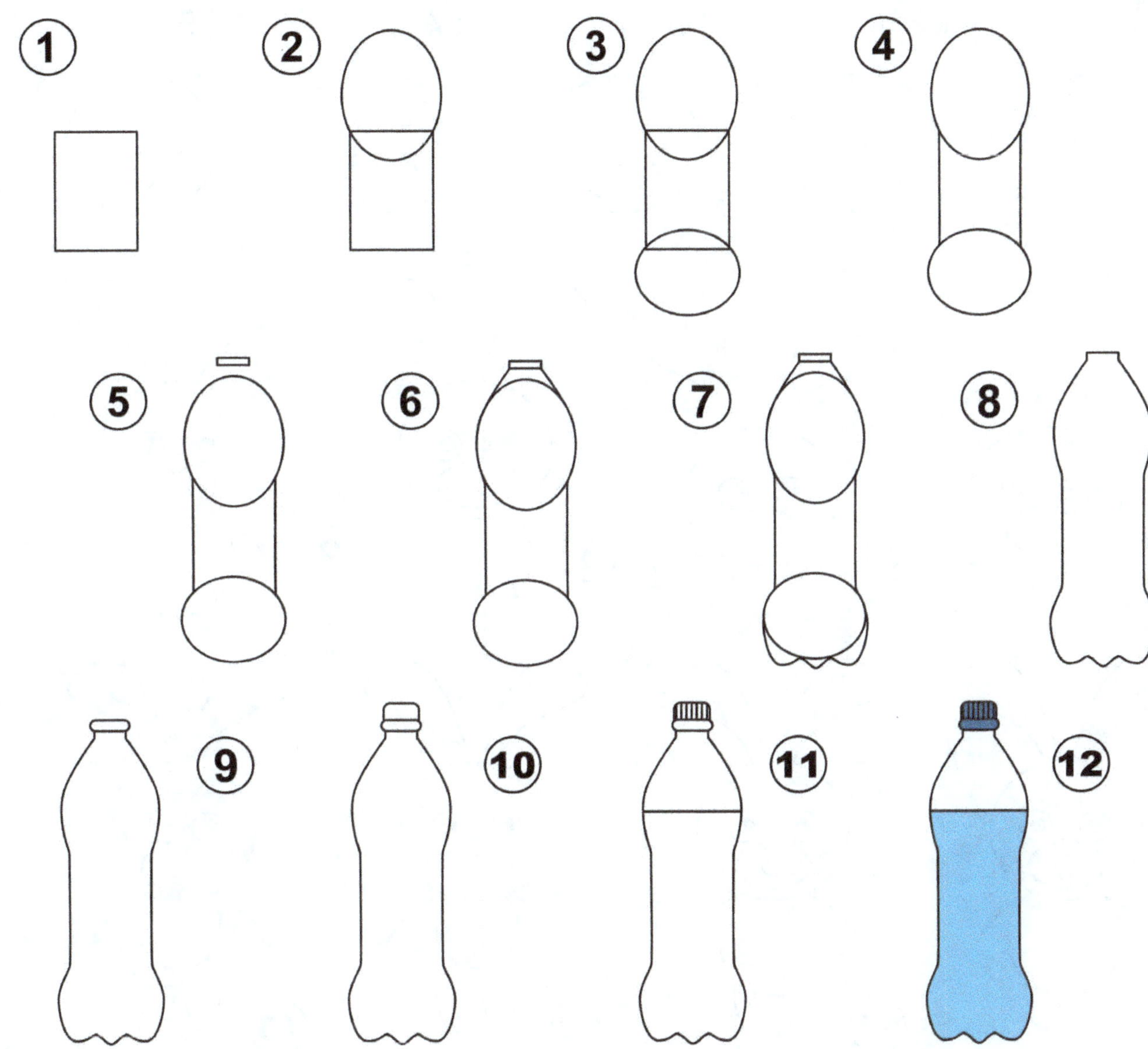

Lapin

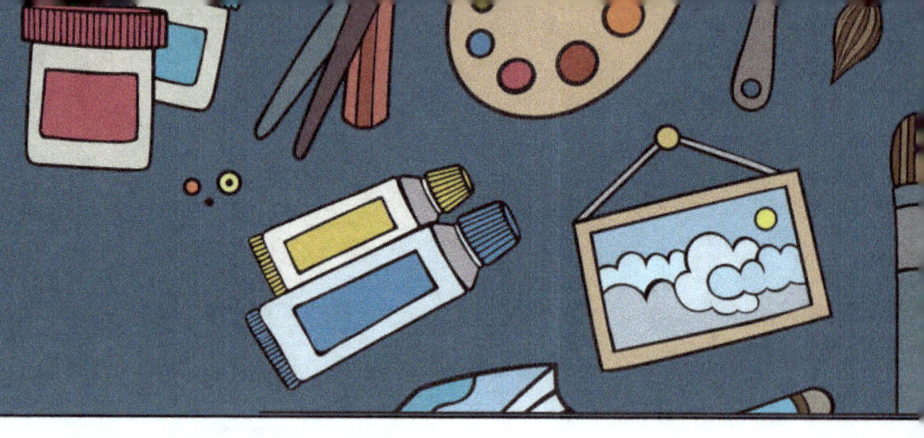

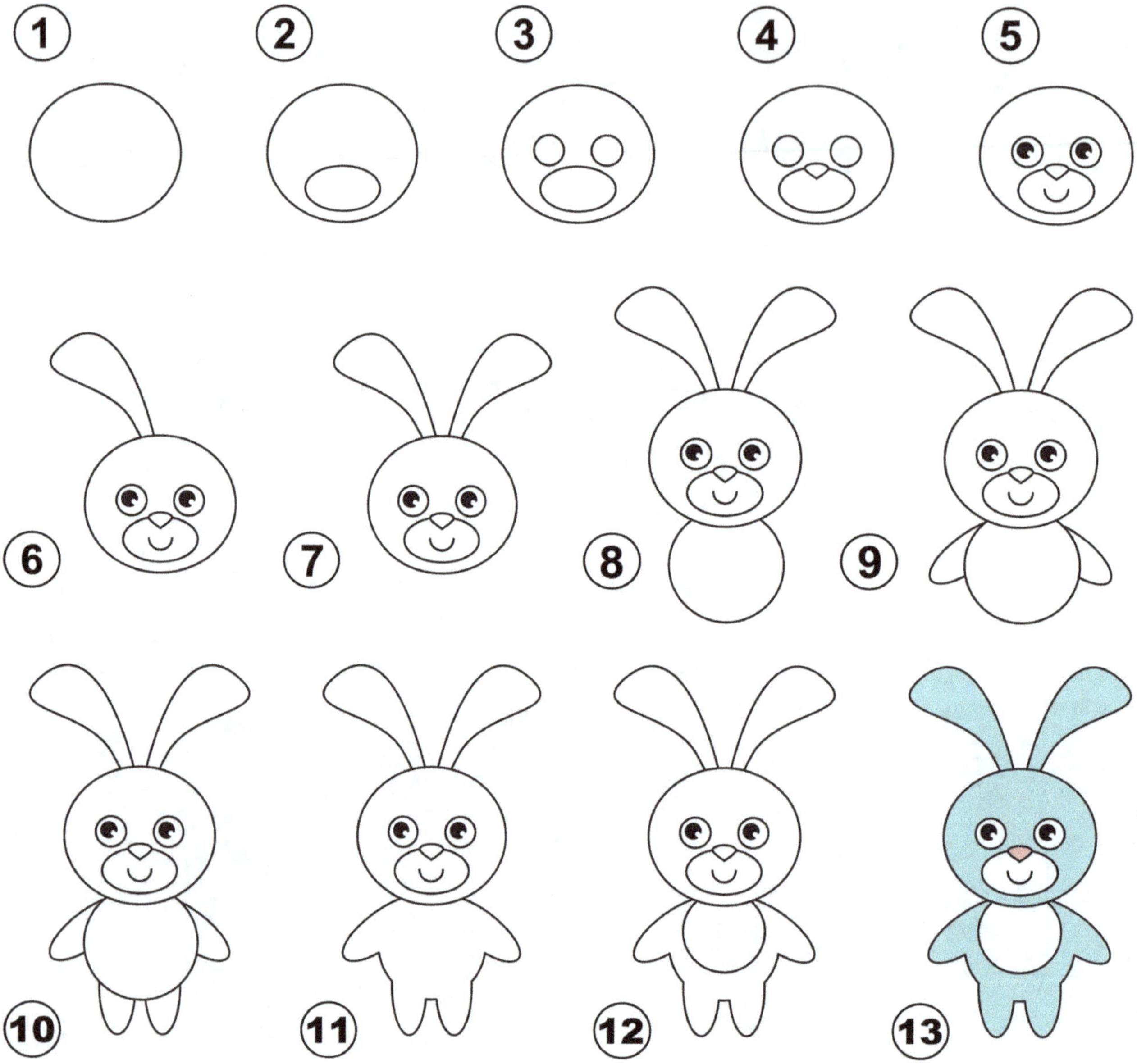

Papillon

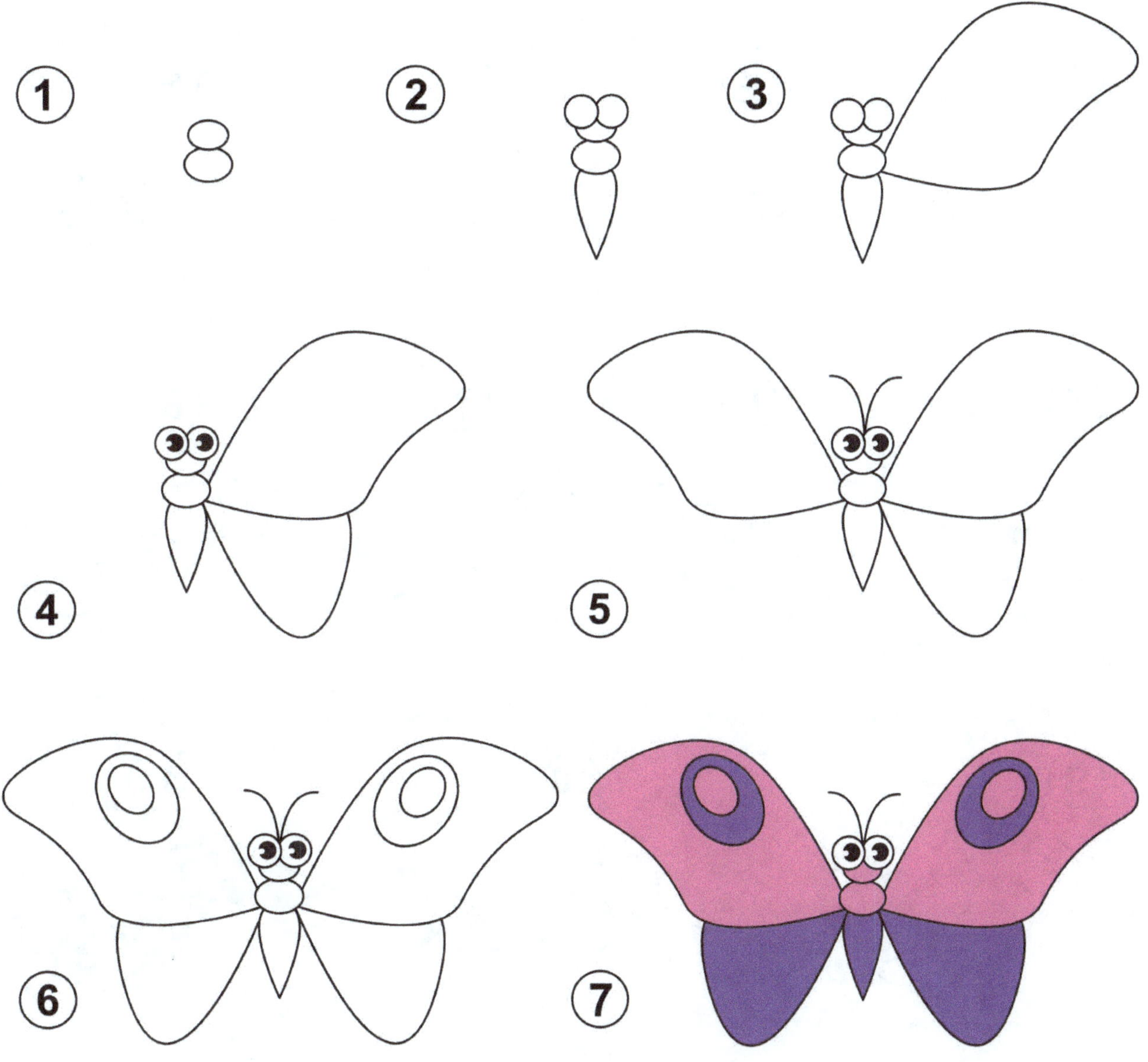

Chenille

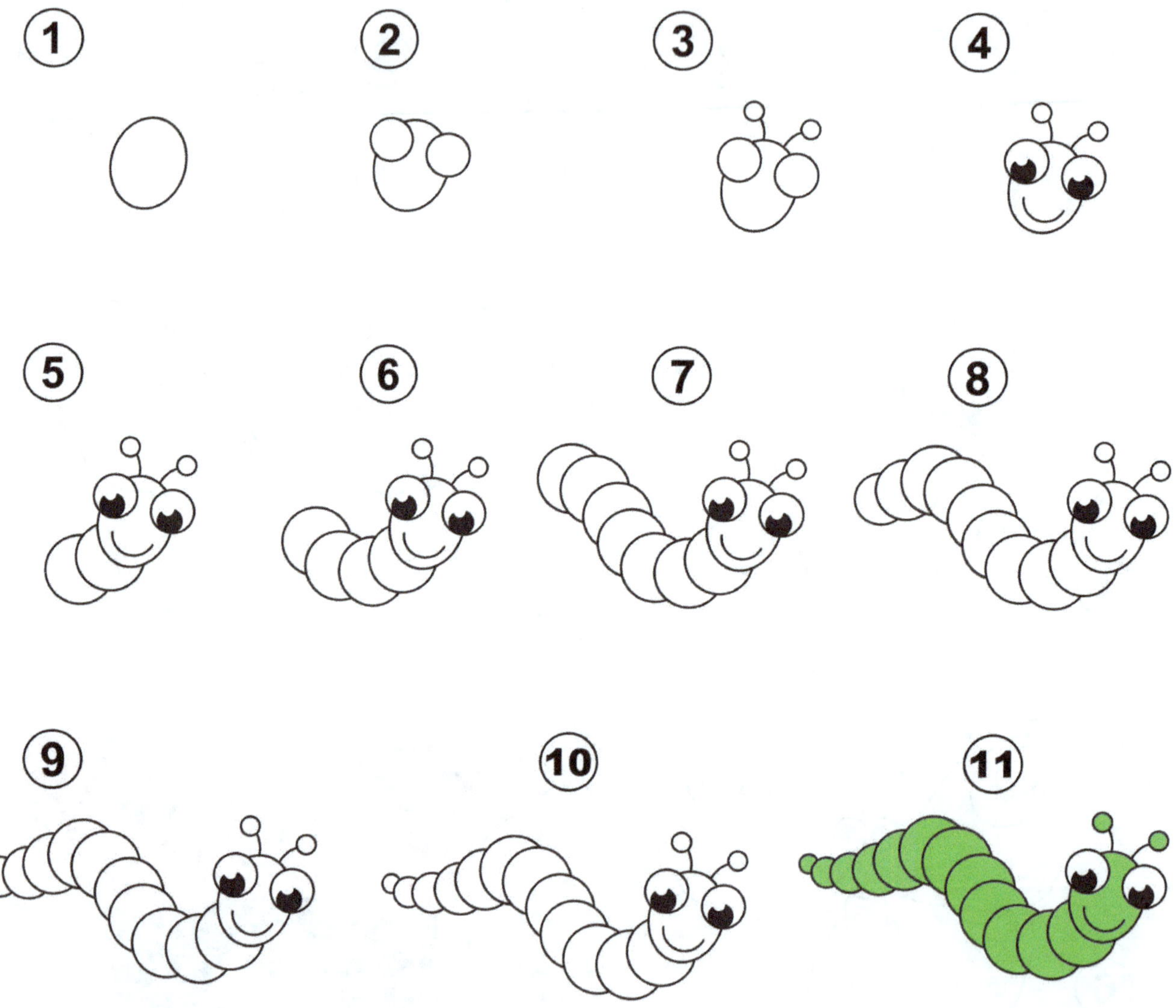

Cerise

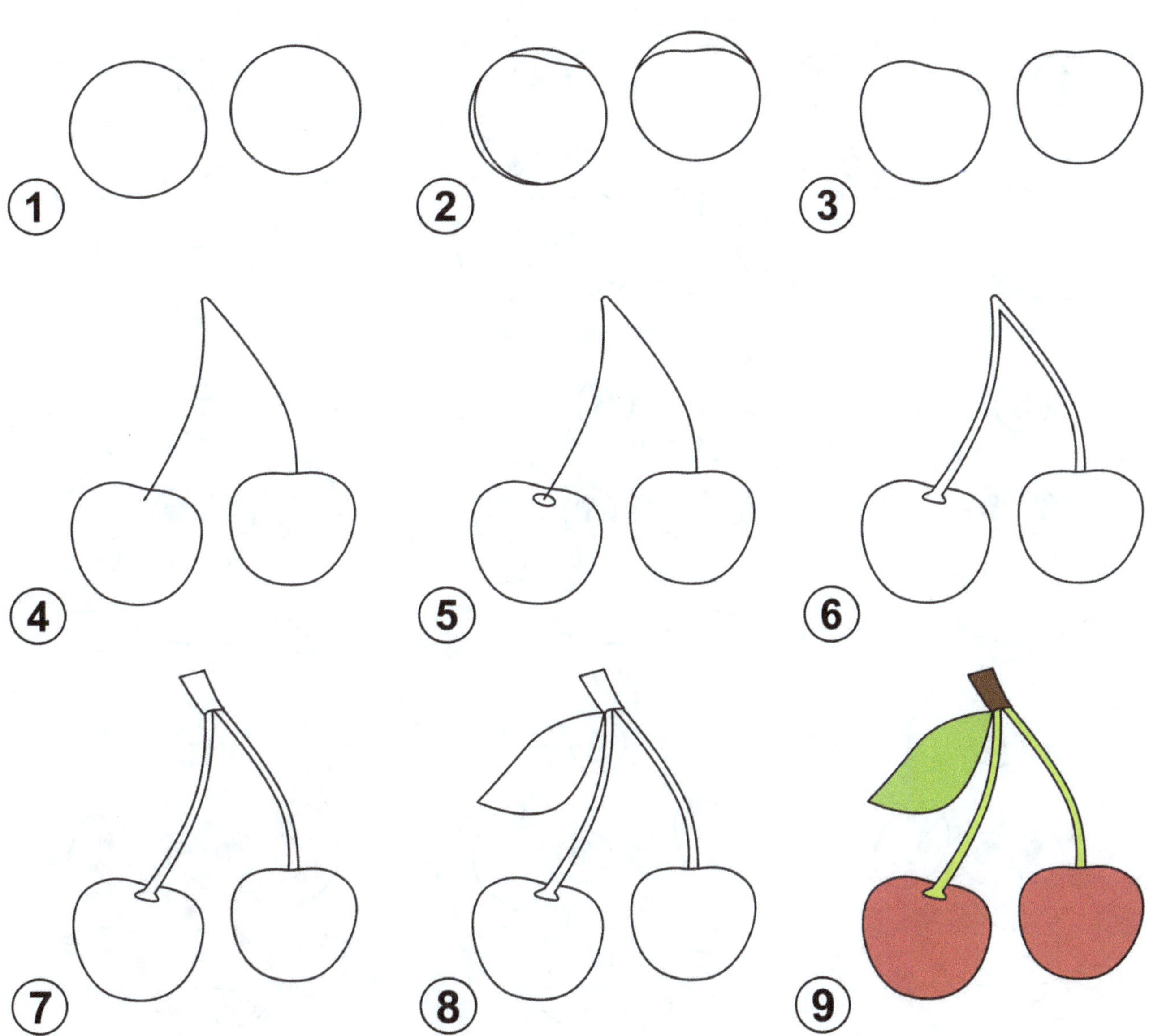

Crabe

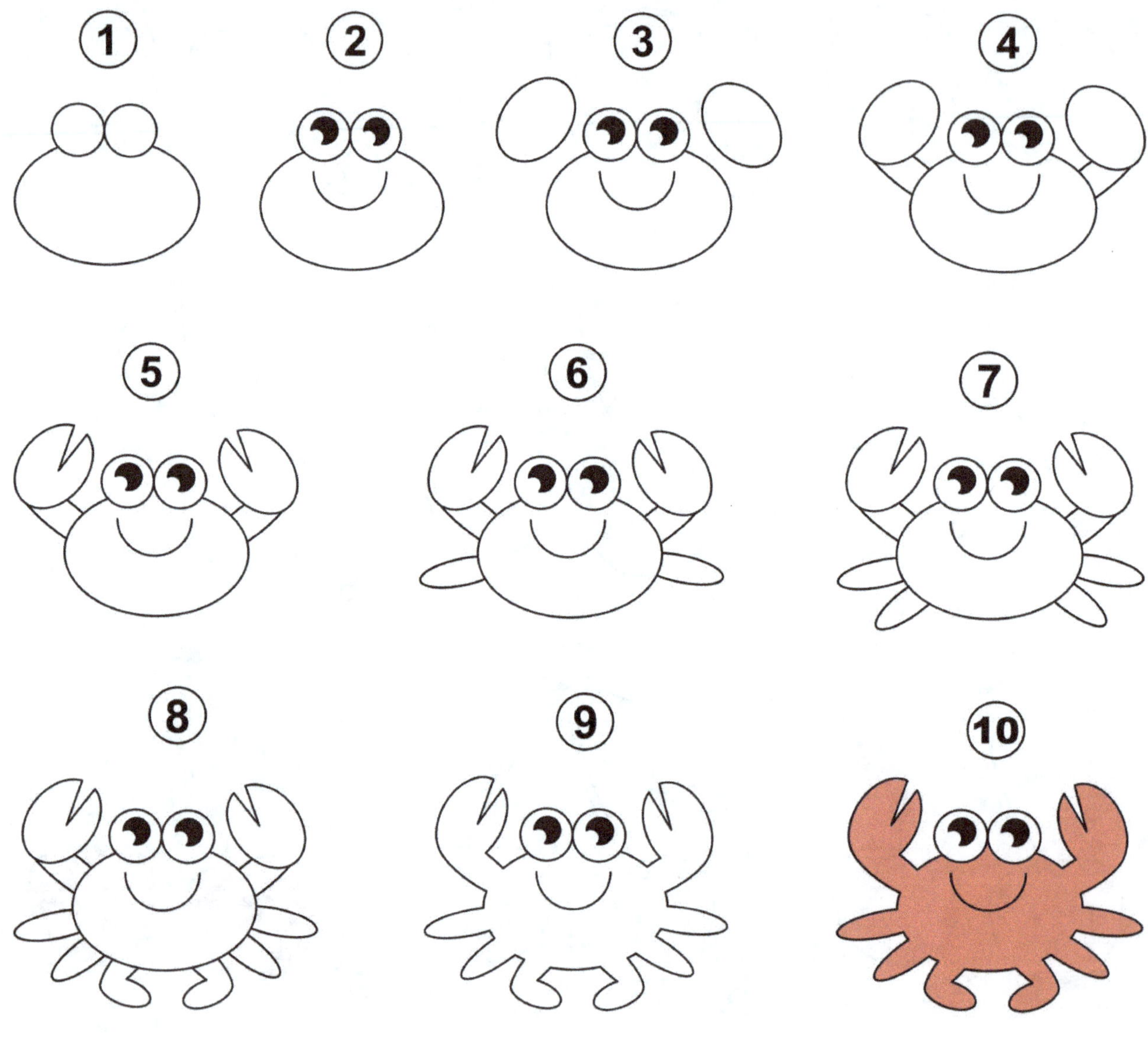

Écrevisse

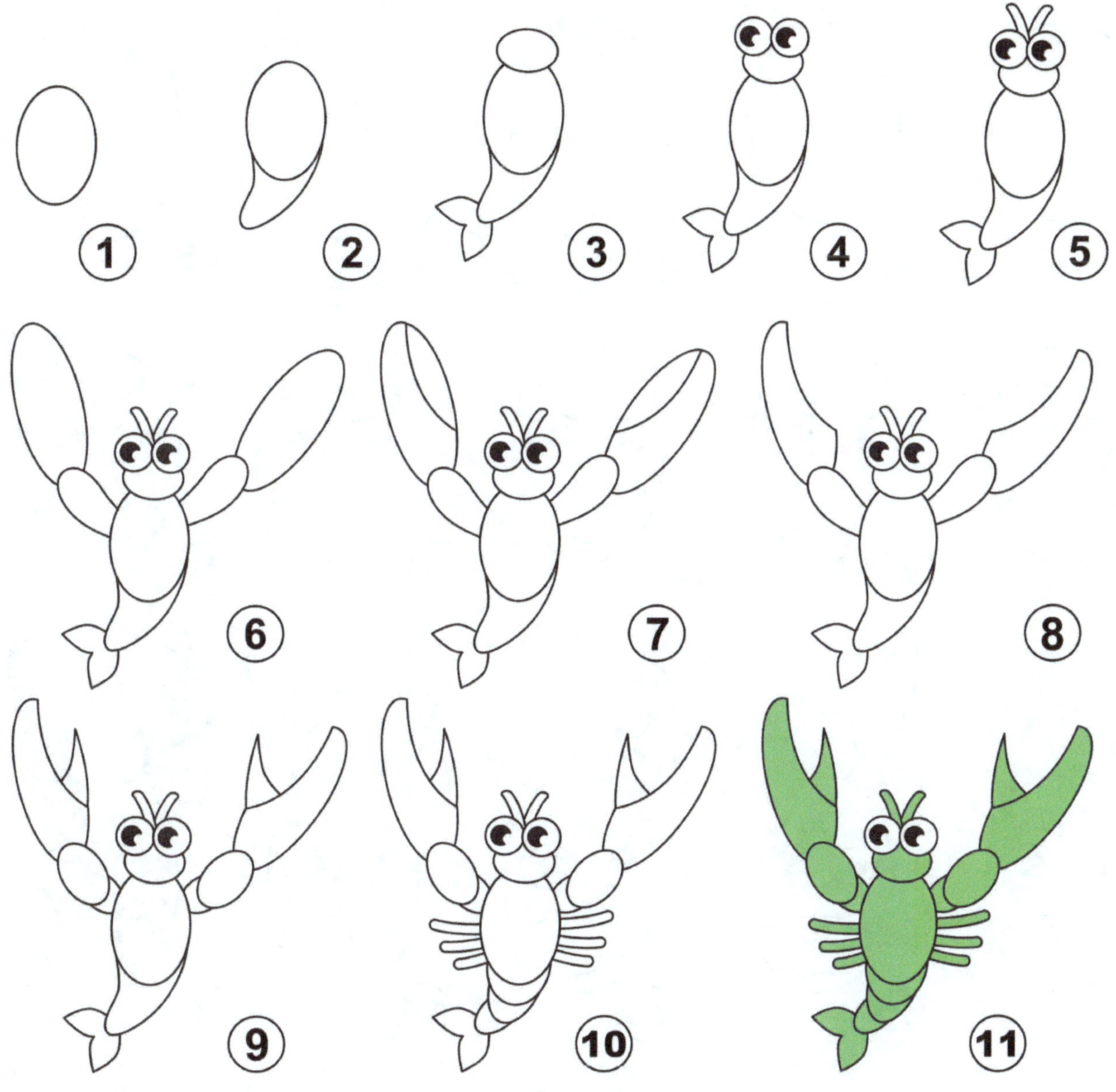

Títe de cerf

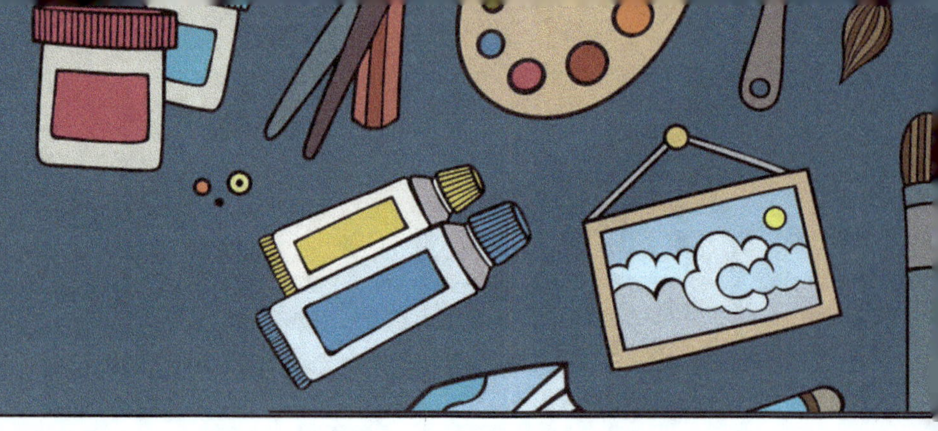

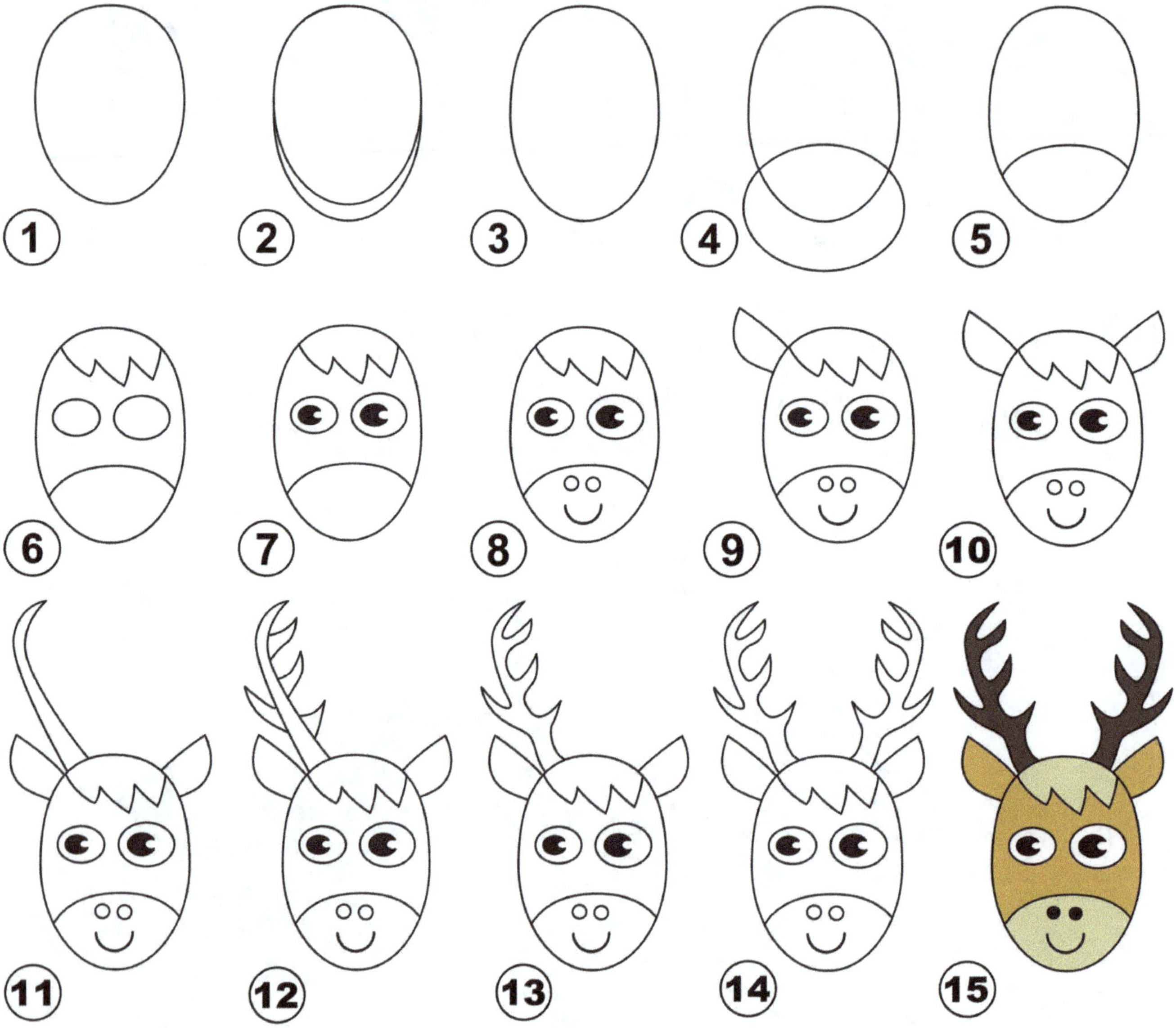

1   2   3   4   5

6   7   8   9   10

11   12   13   14   15

Dauphin

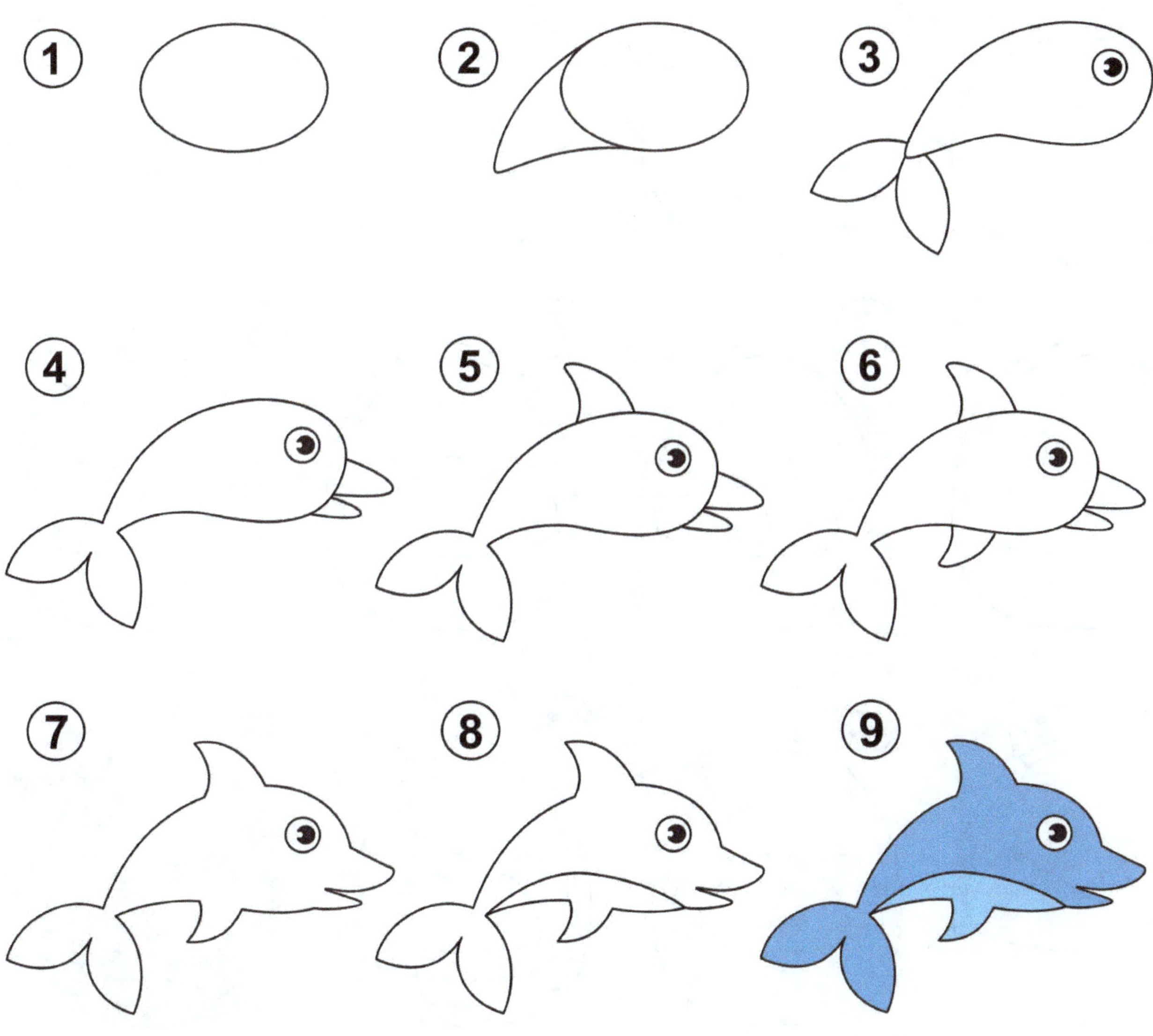

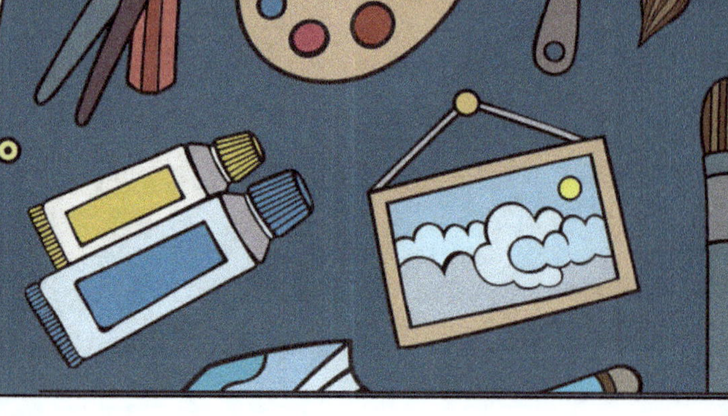

1
2
3
4
5
6
7
8
9
10
11
12

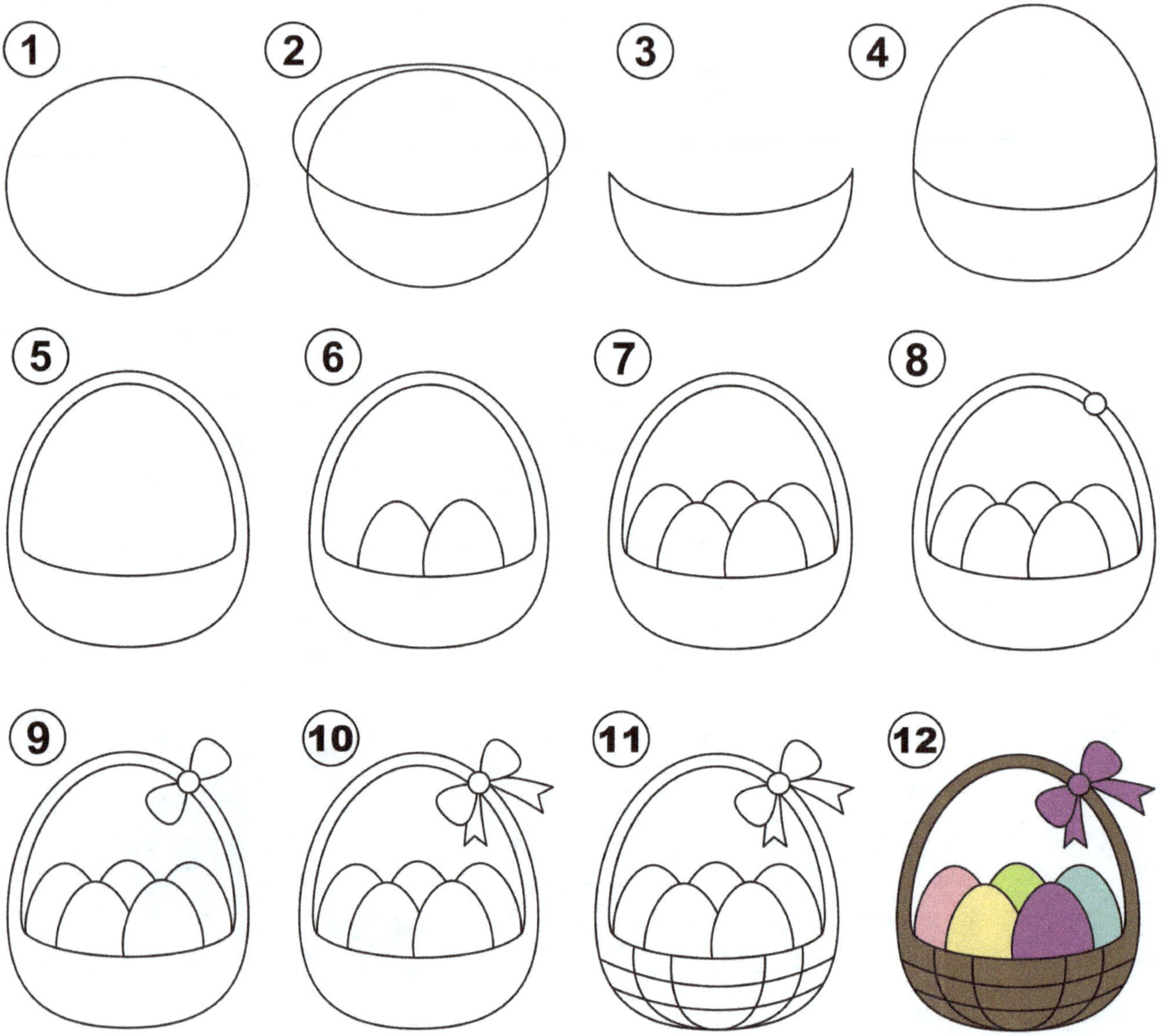

Éléphant

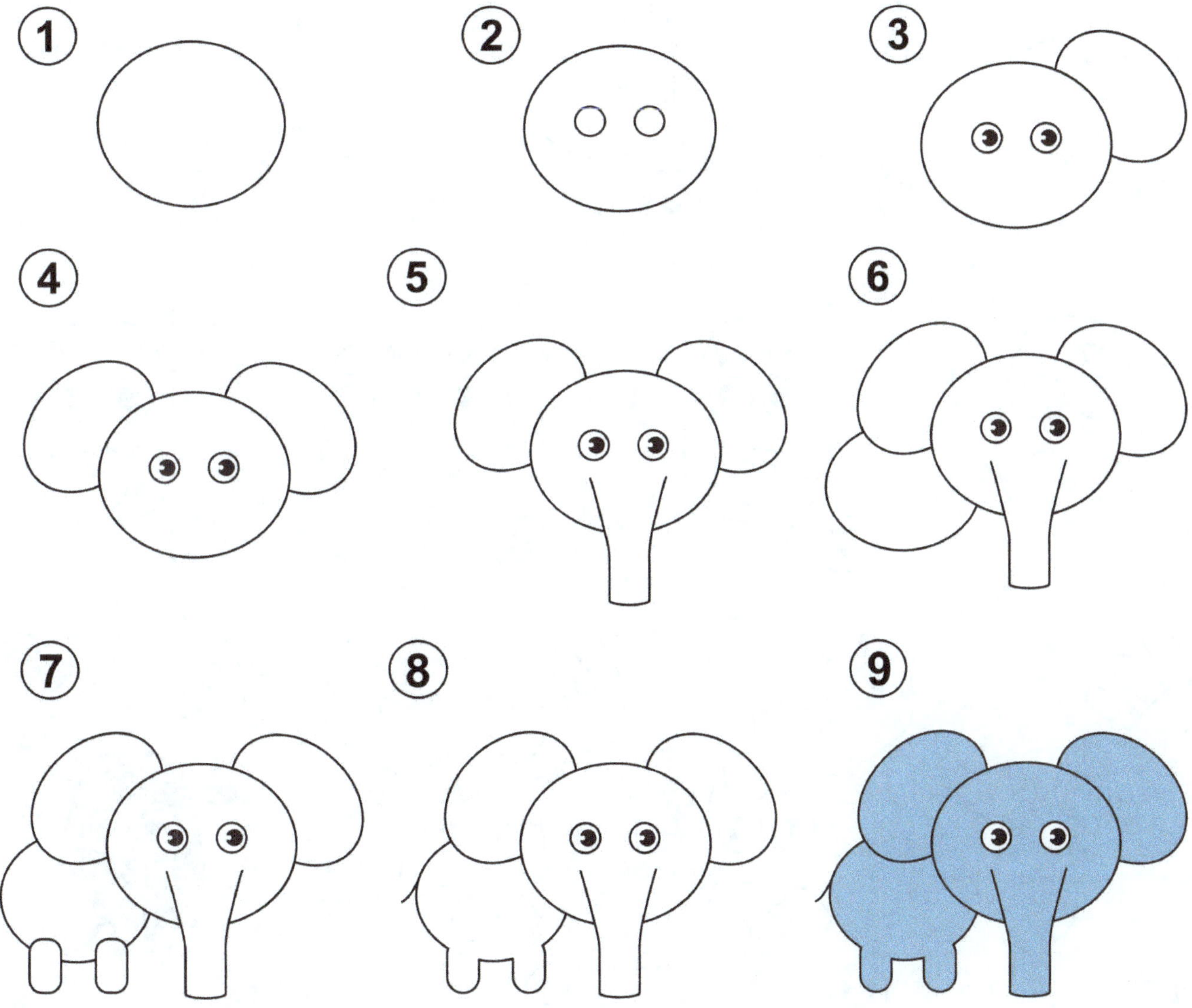

Wapiti

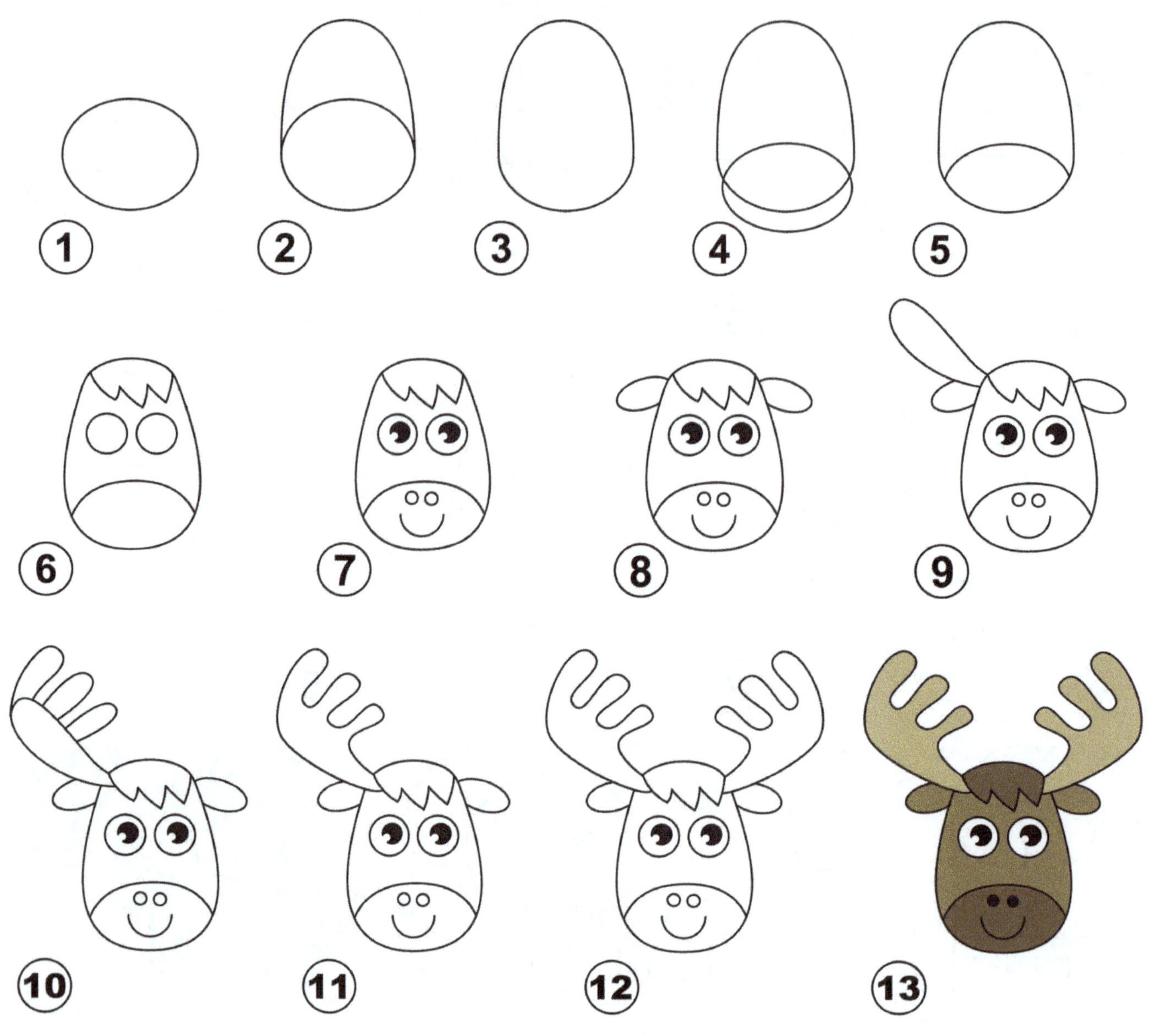

Poisson

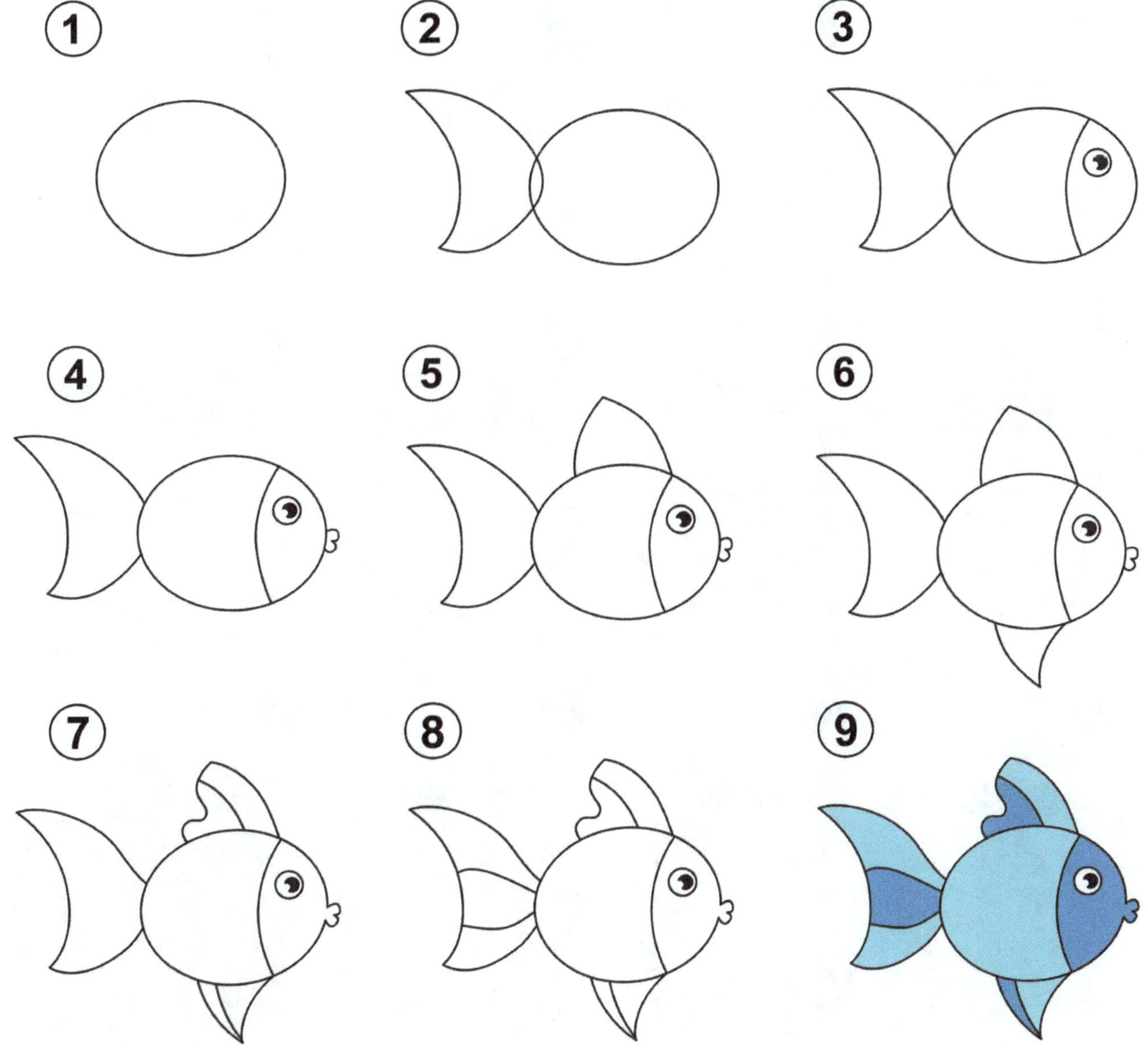

Grenouille

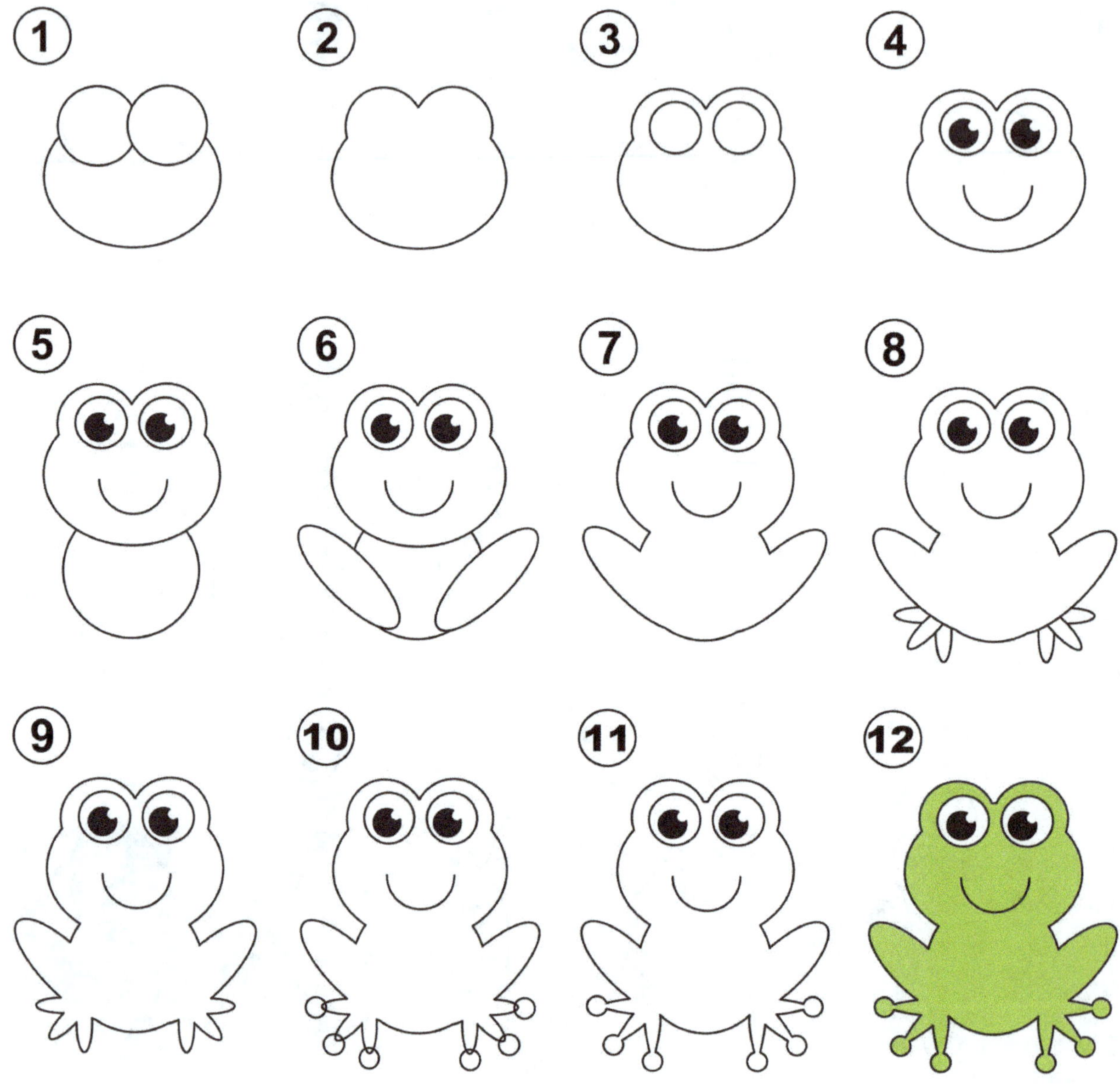

Poisson drÙle

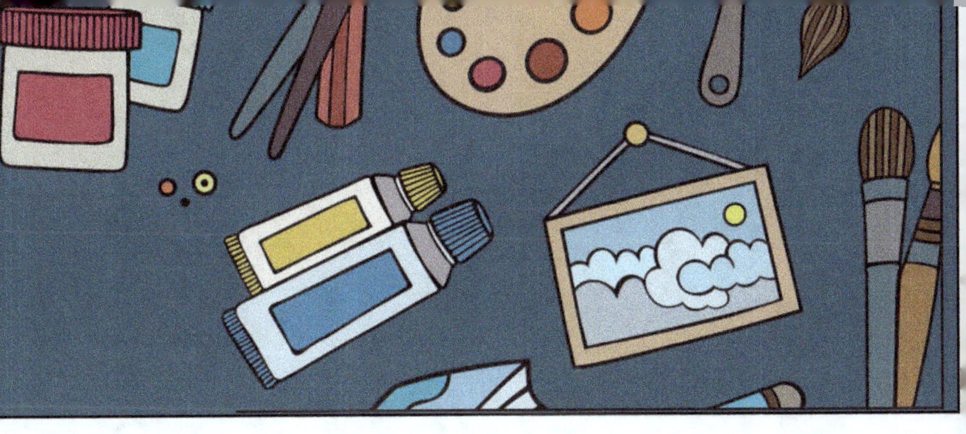

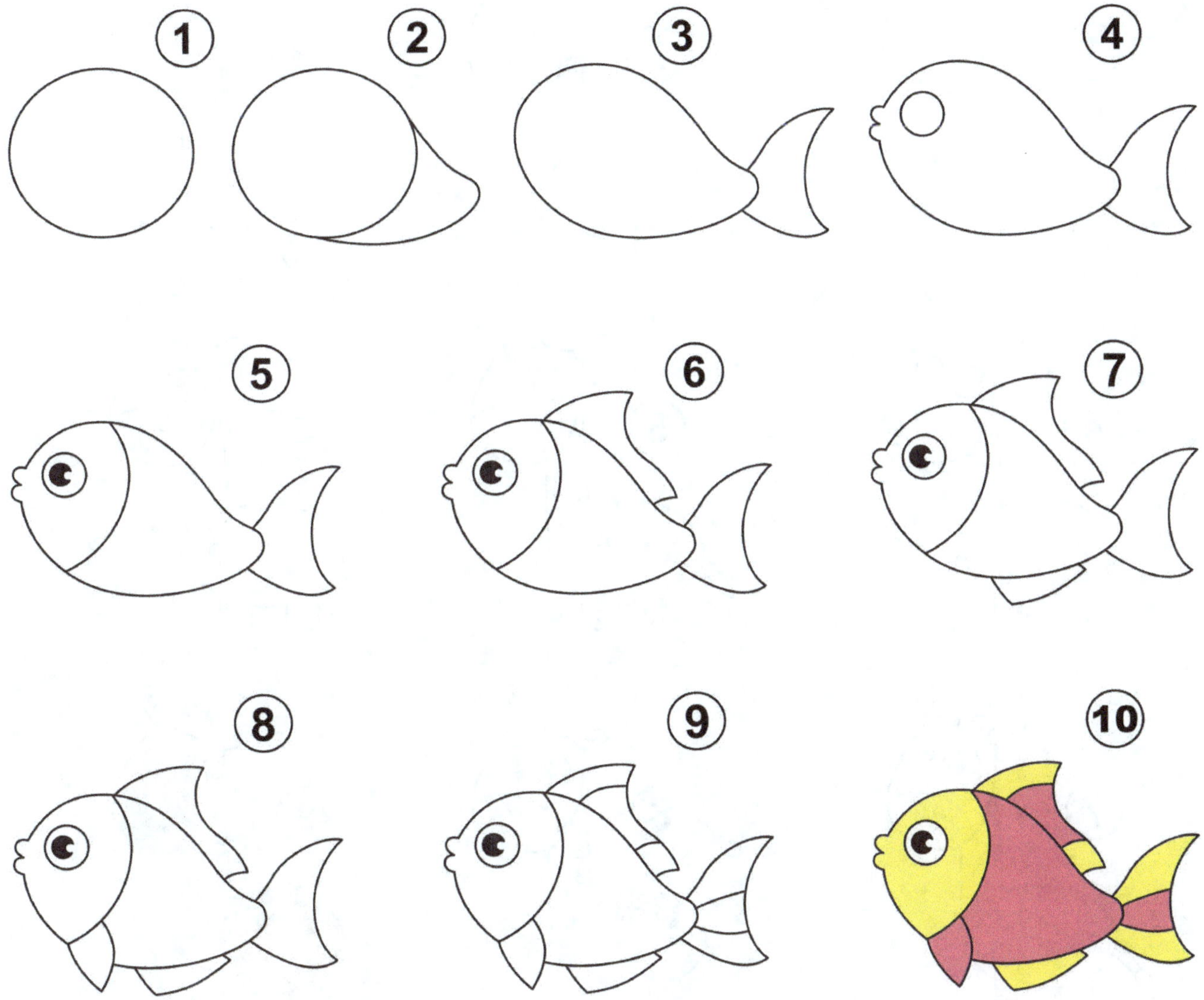

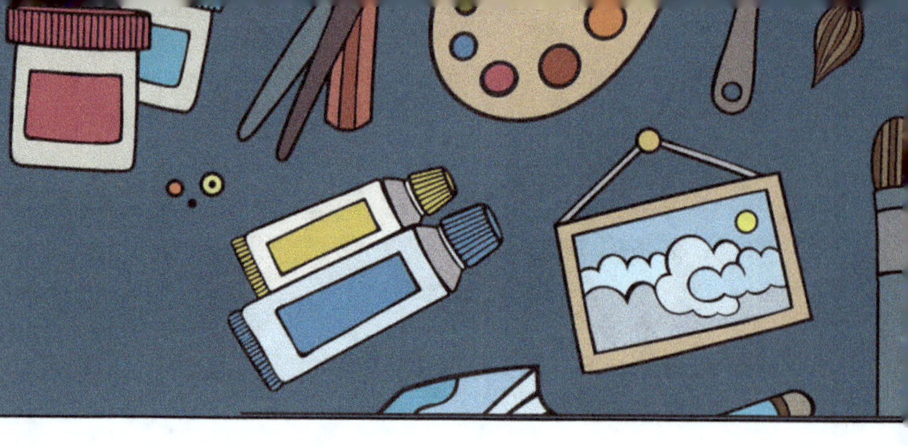

Girafe

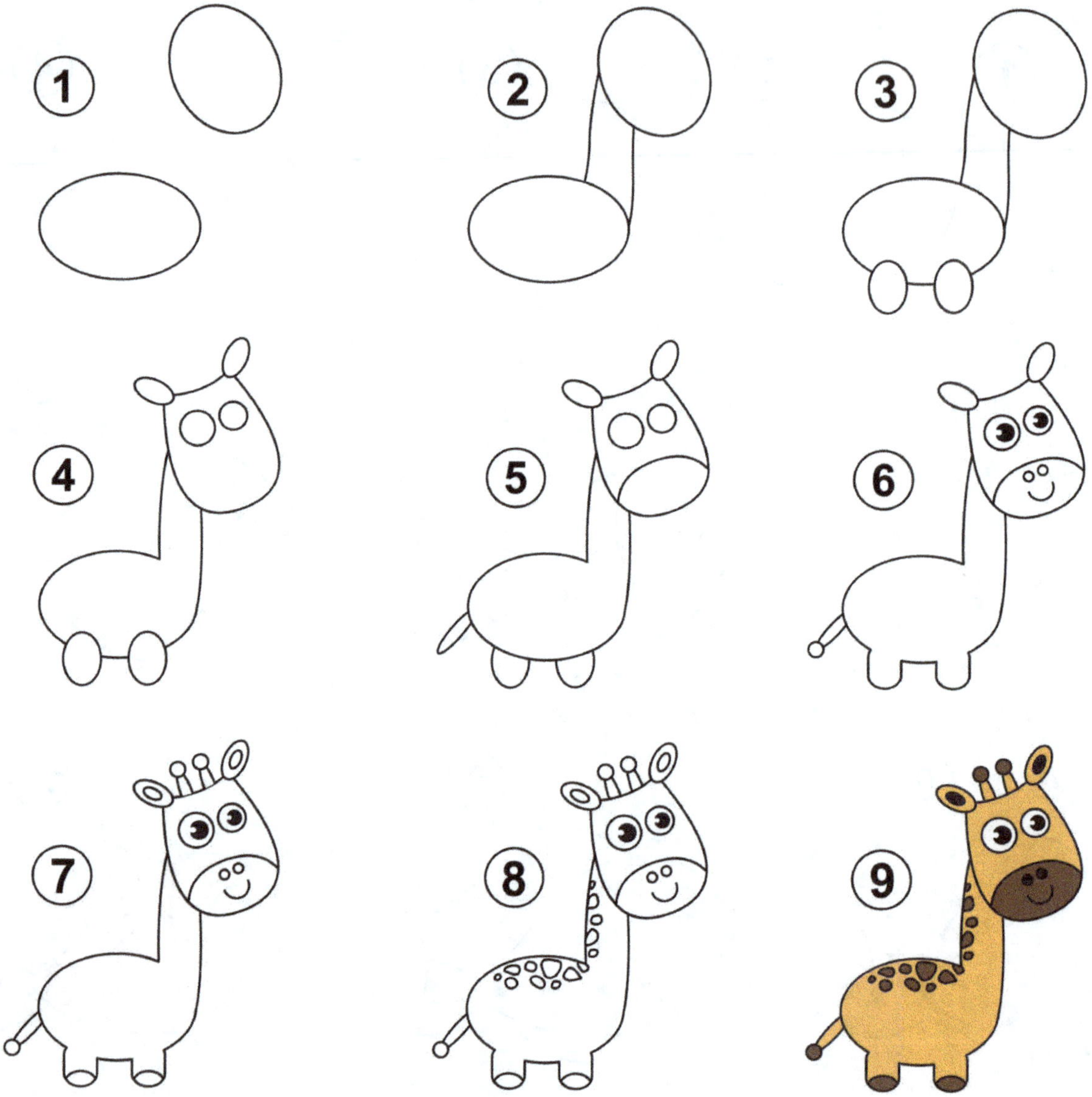

Globe

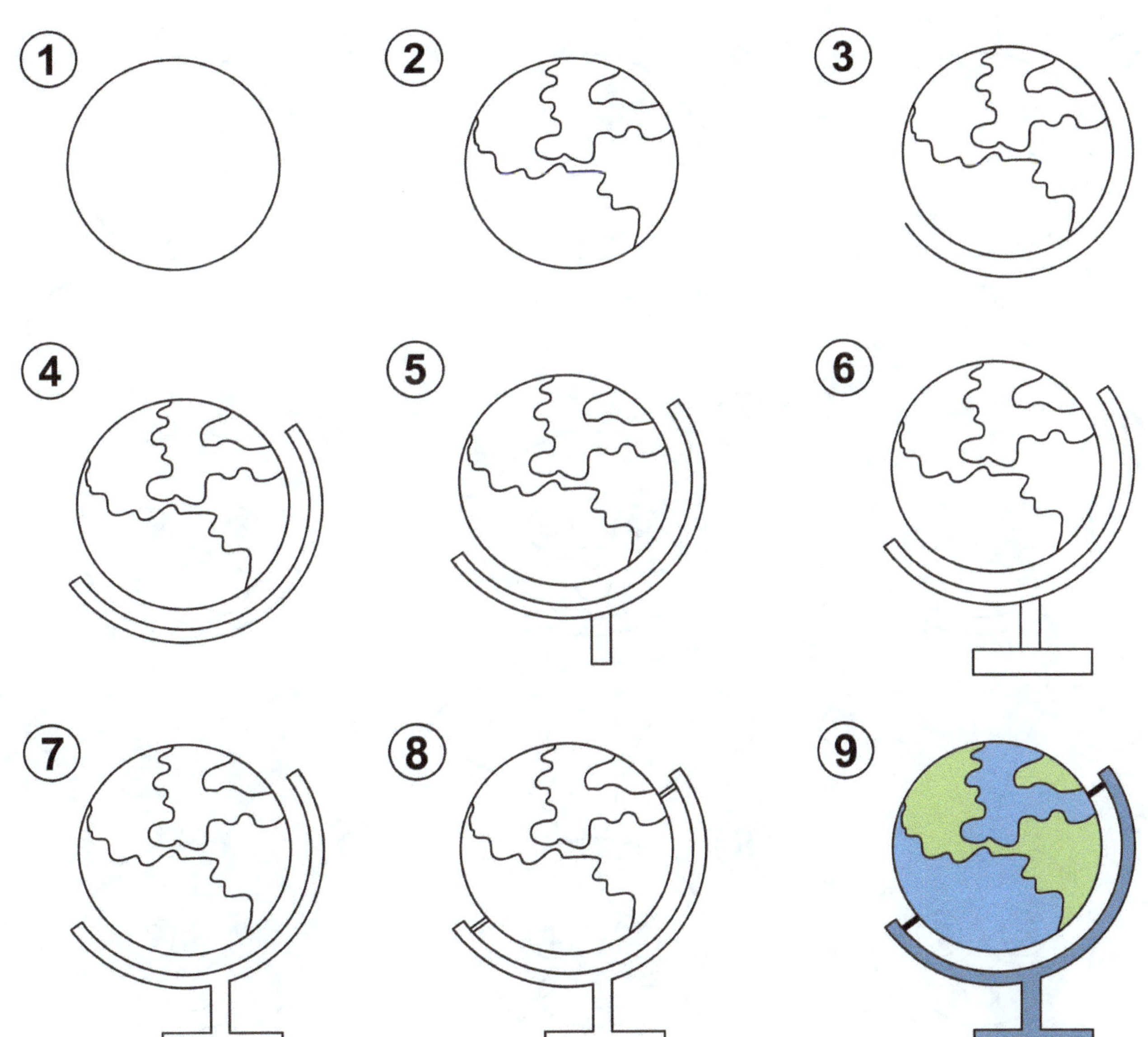

Hare Head

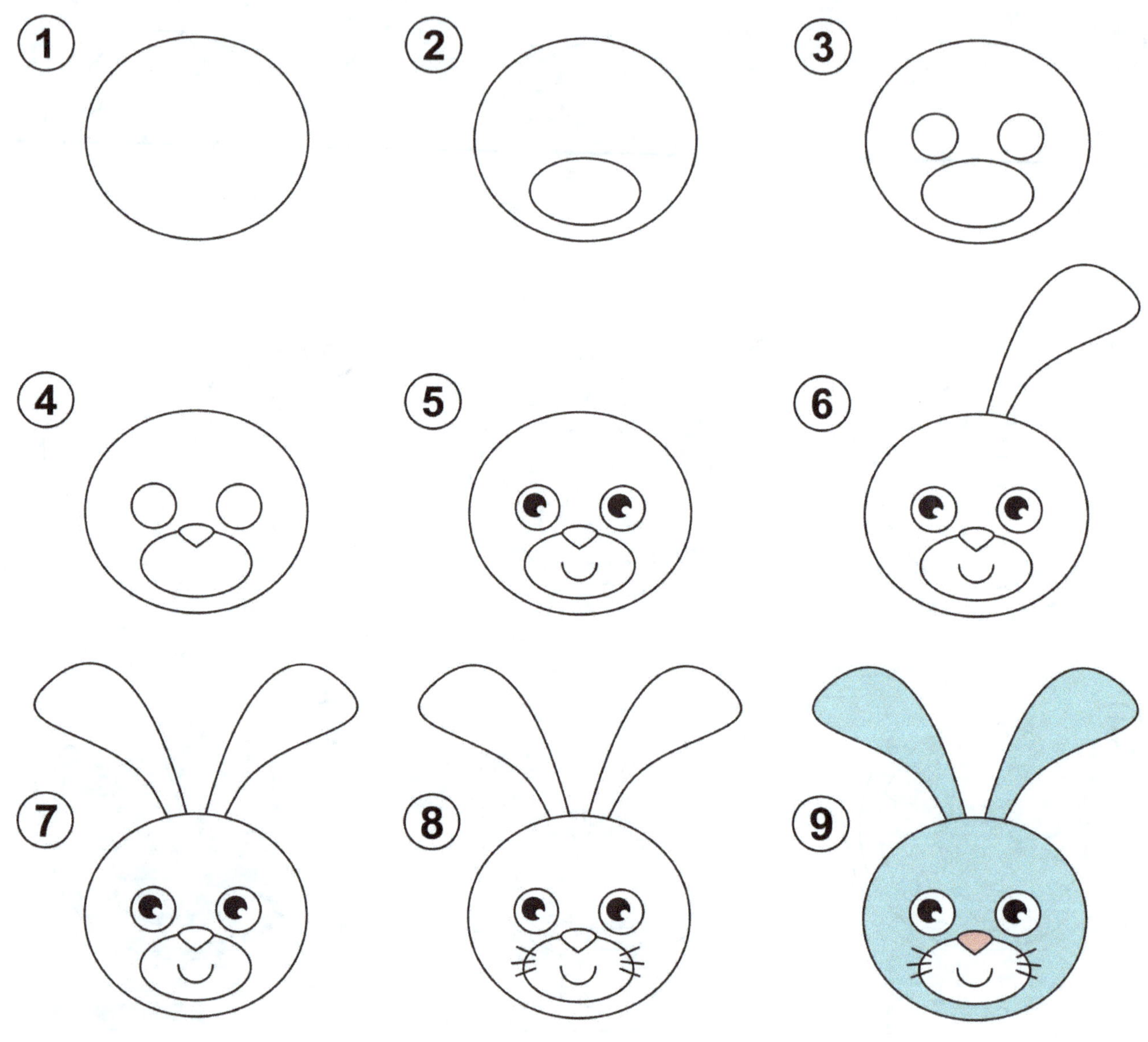

Cúur

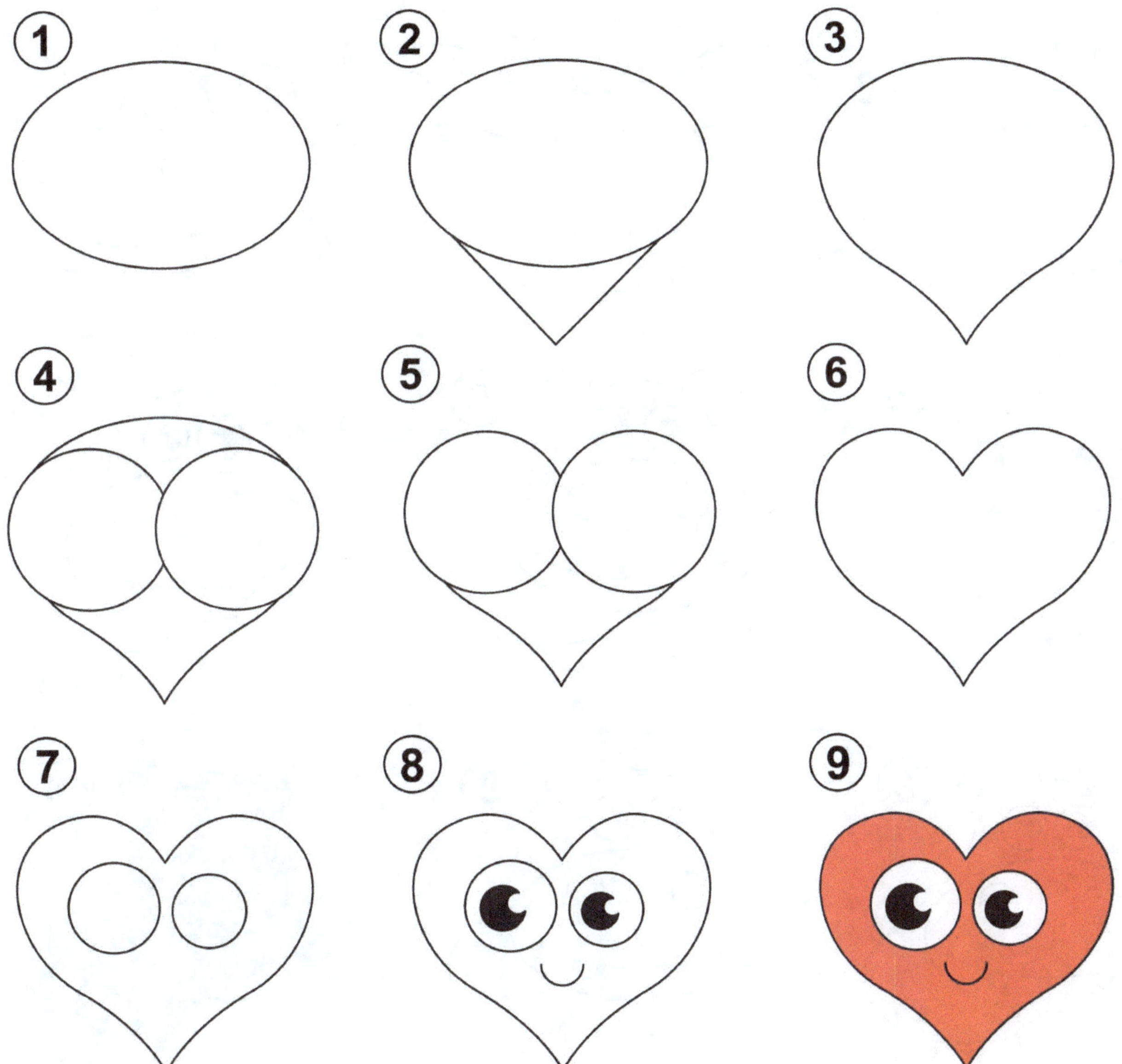

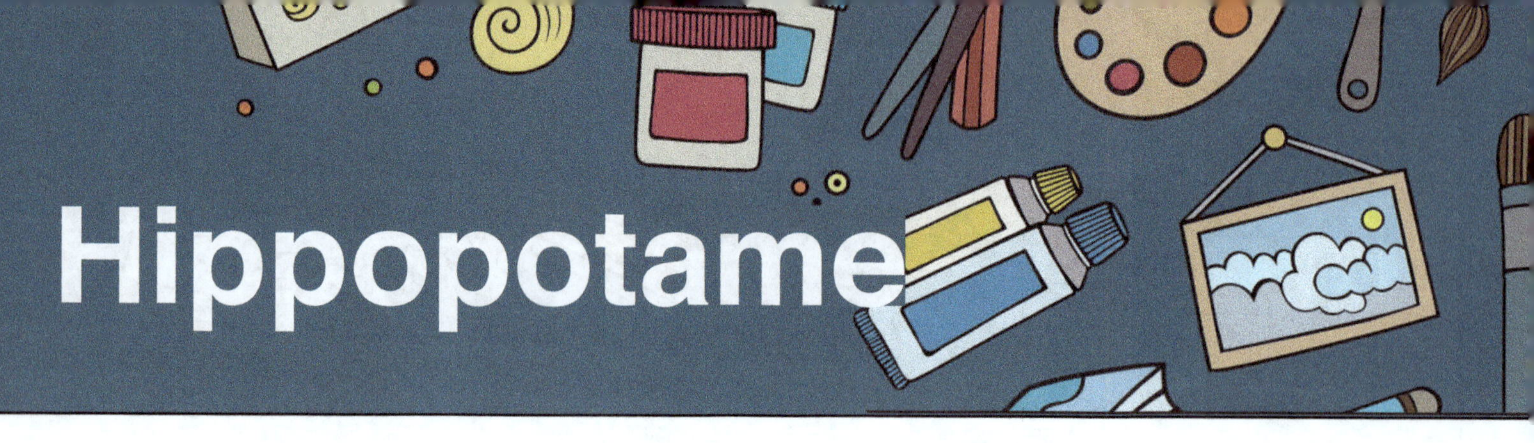

Hippopotame

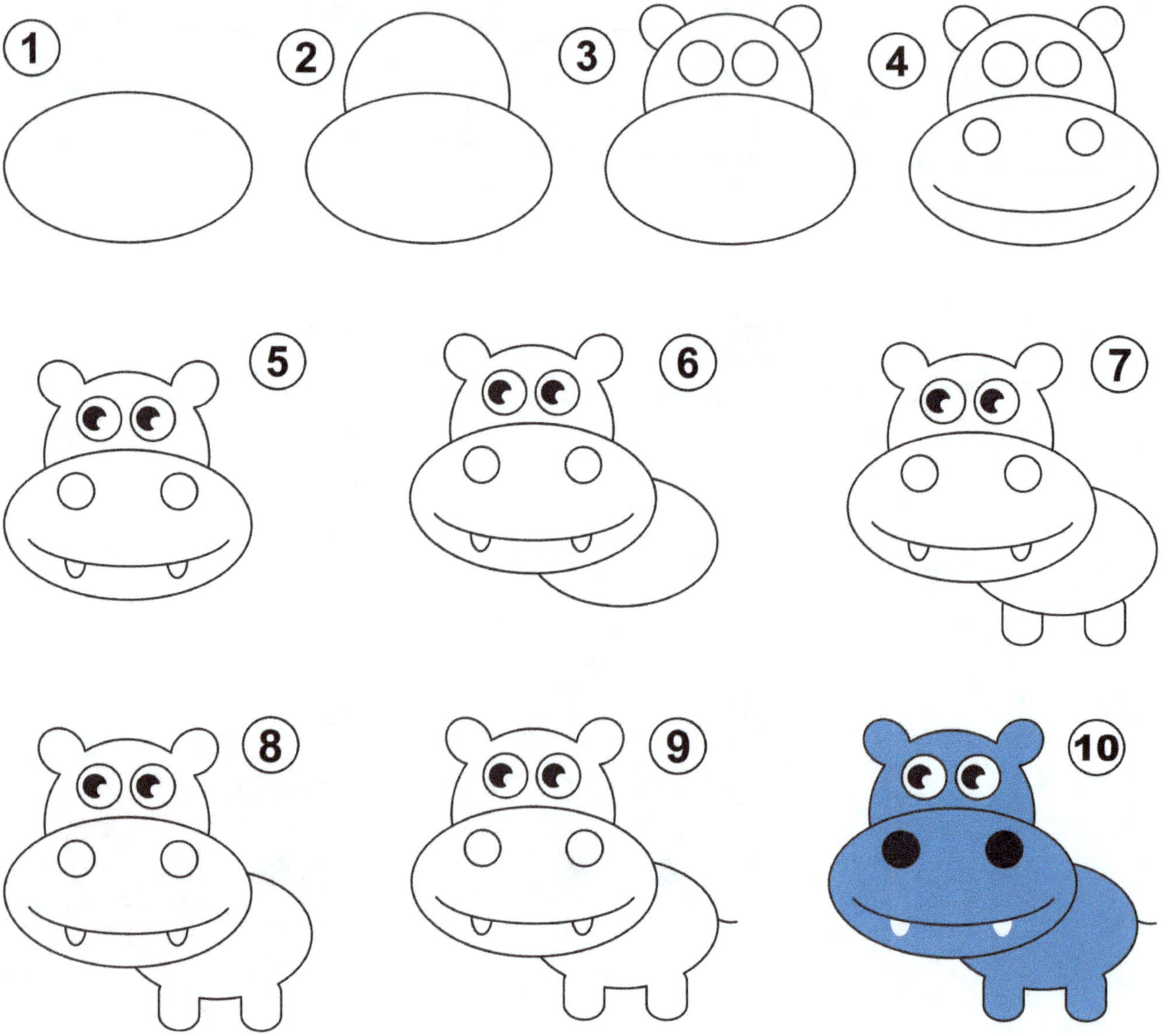

Cheval

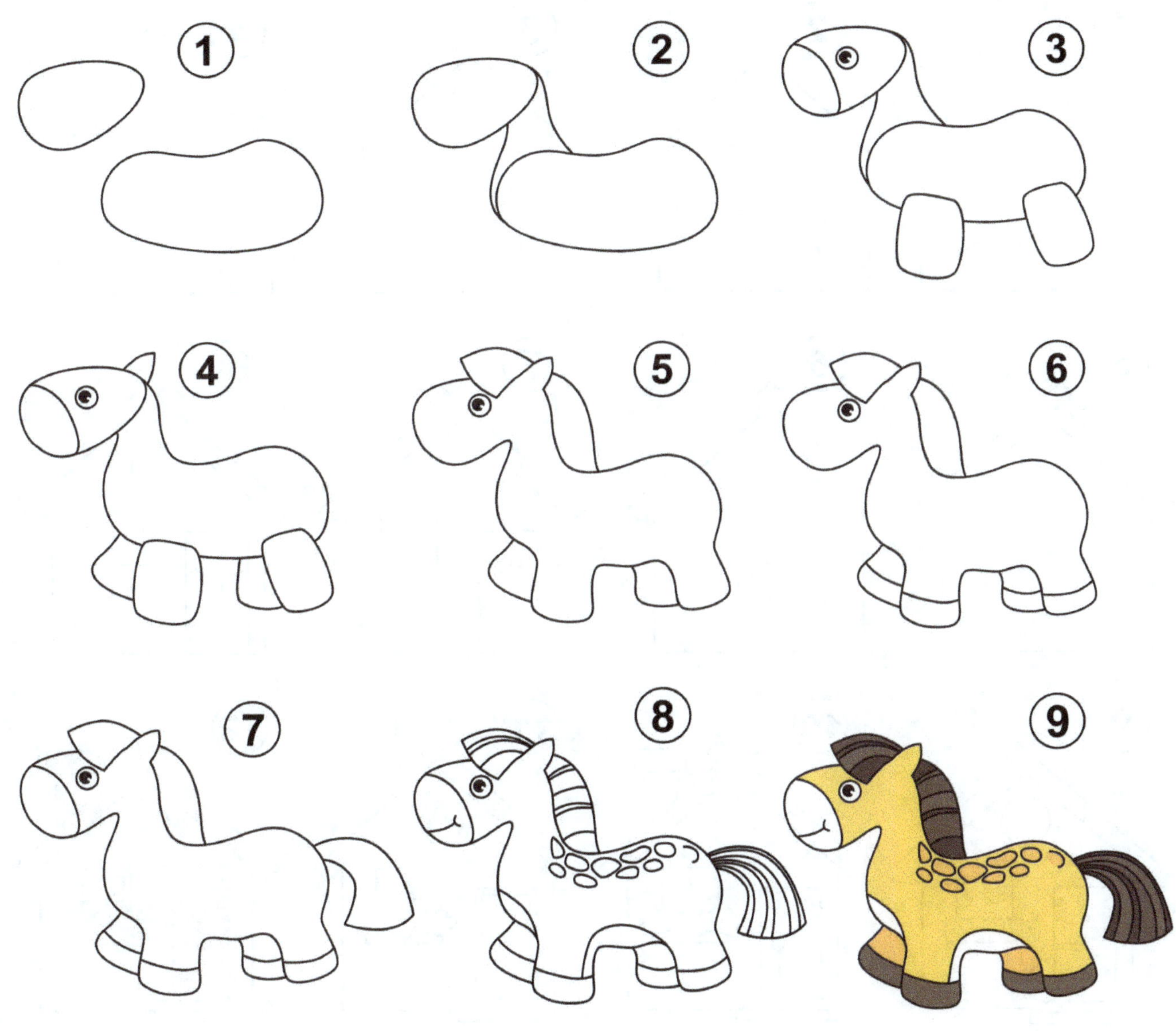

Maison

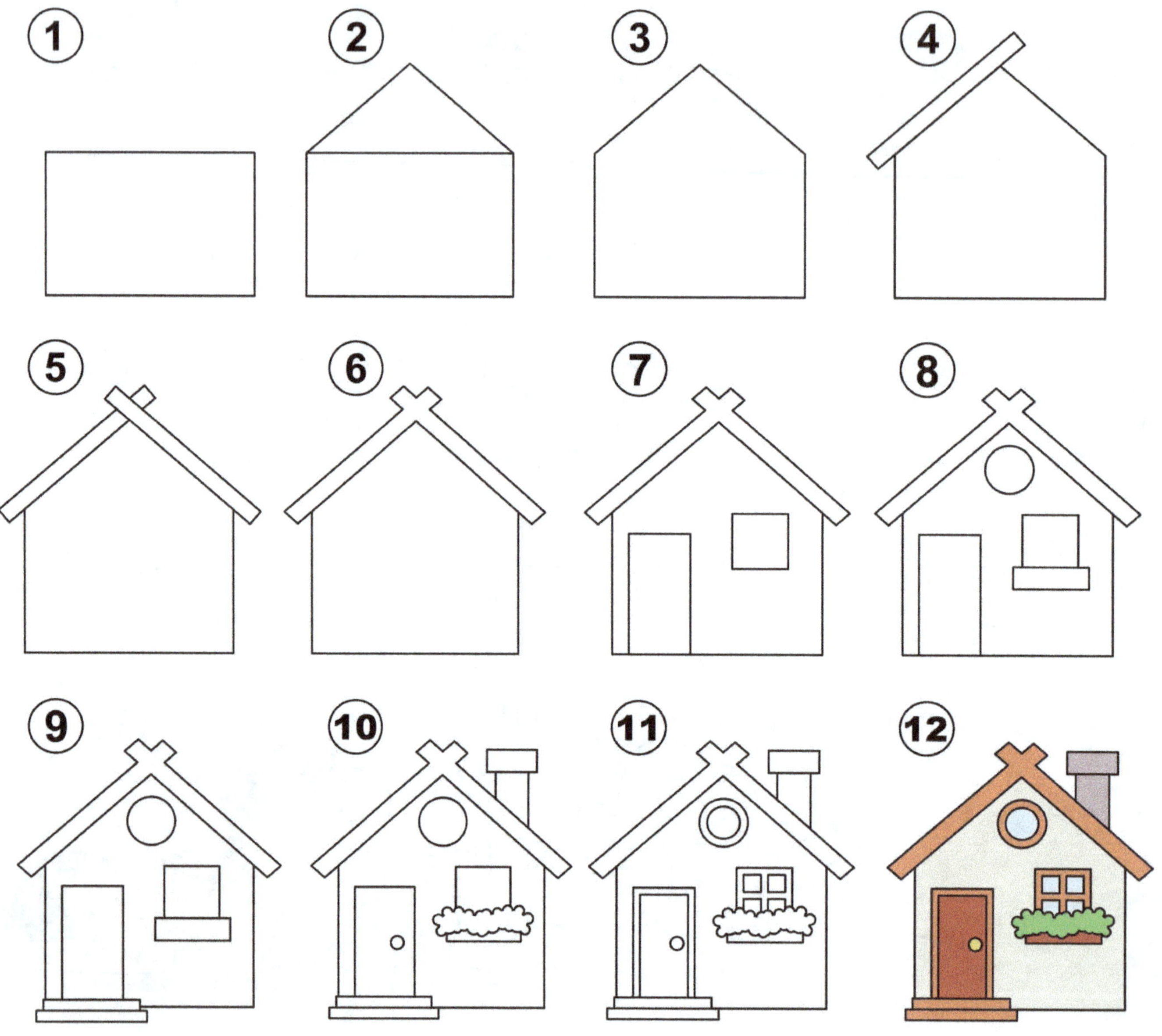

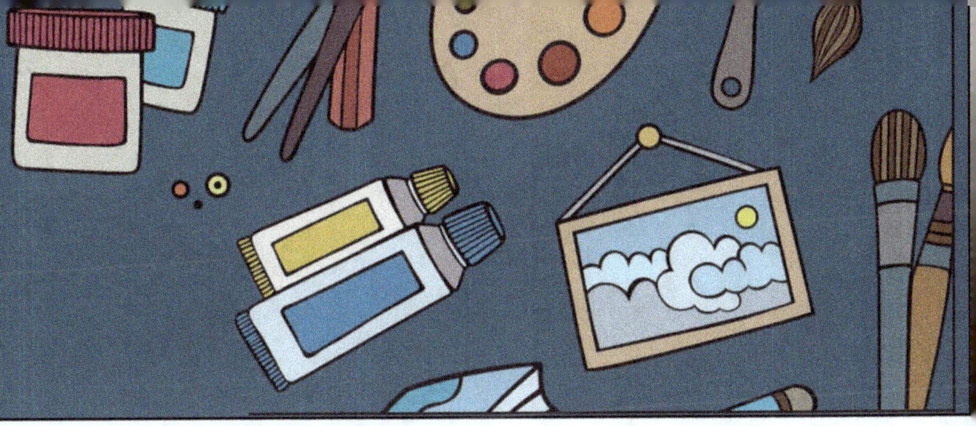

CrÈme glacÈe

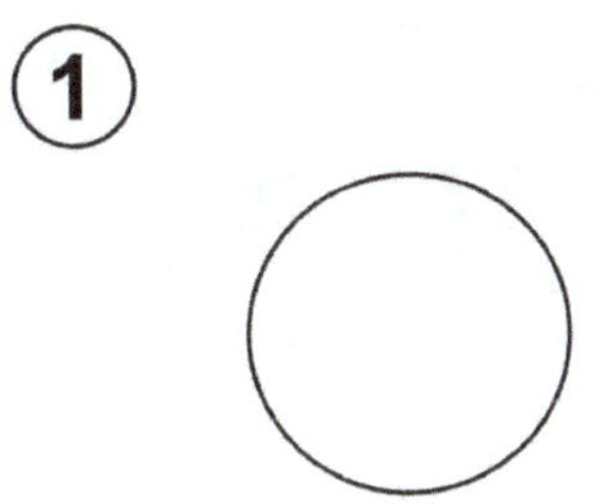

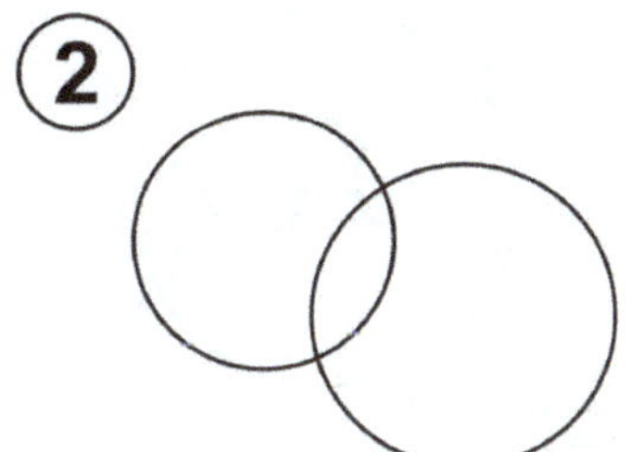

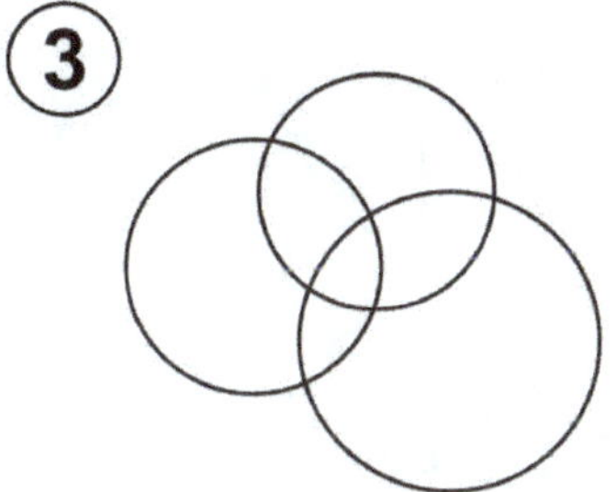

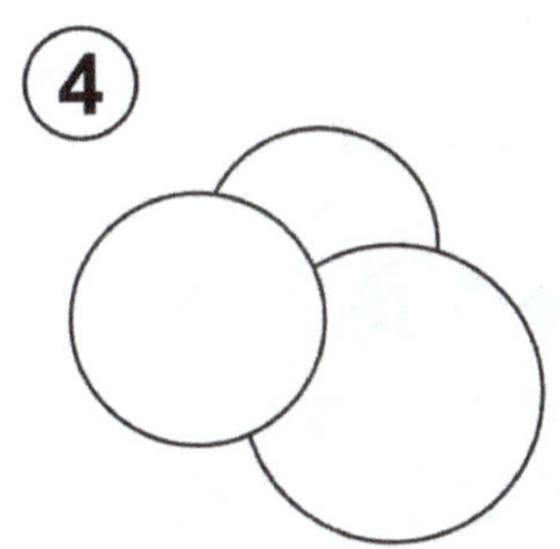

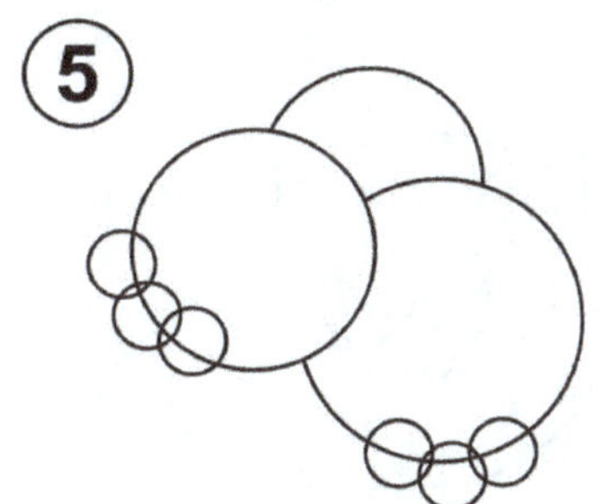

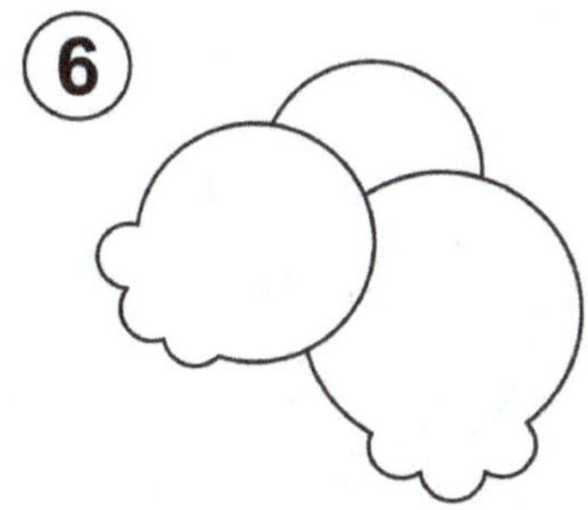

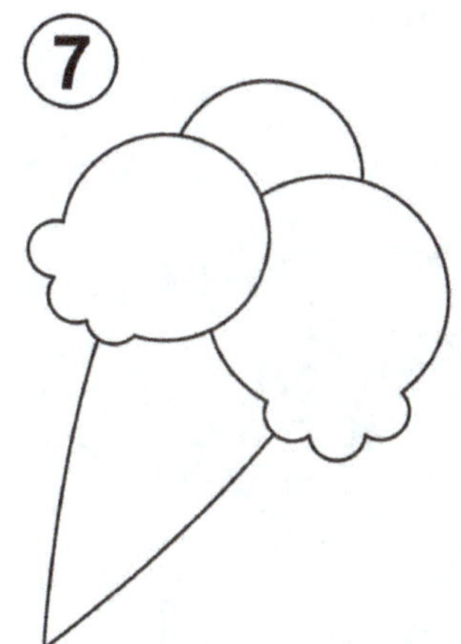

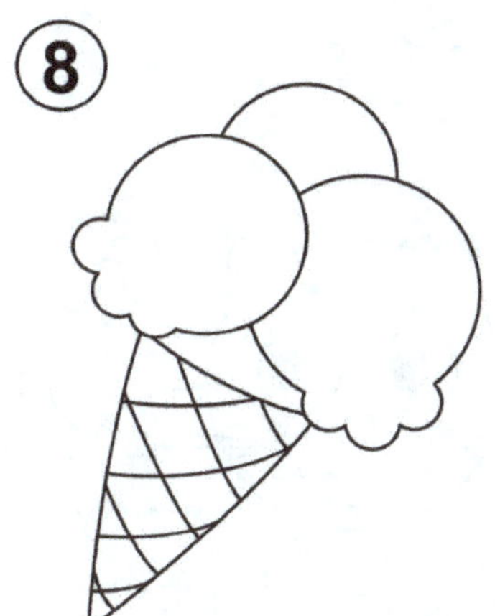

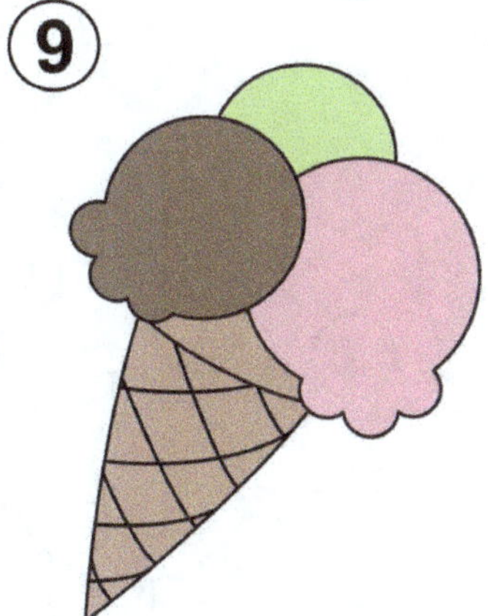

Chaton

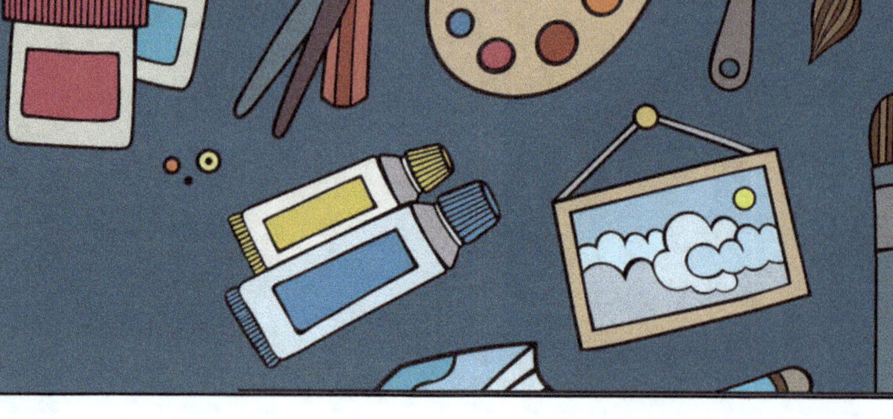

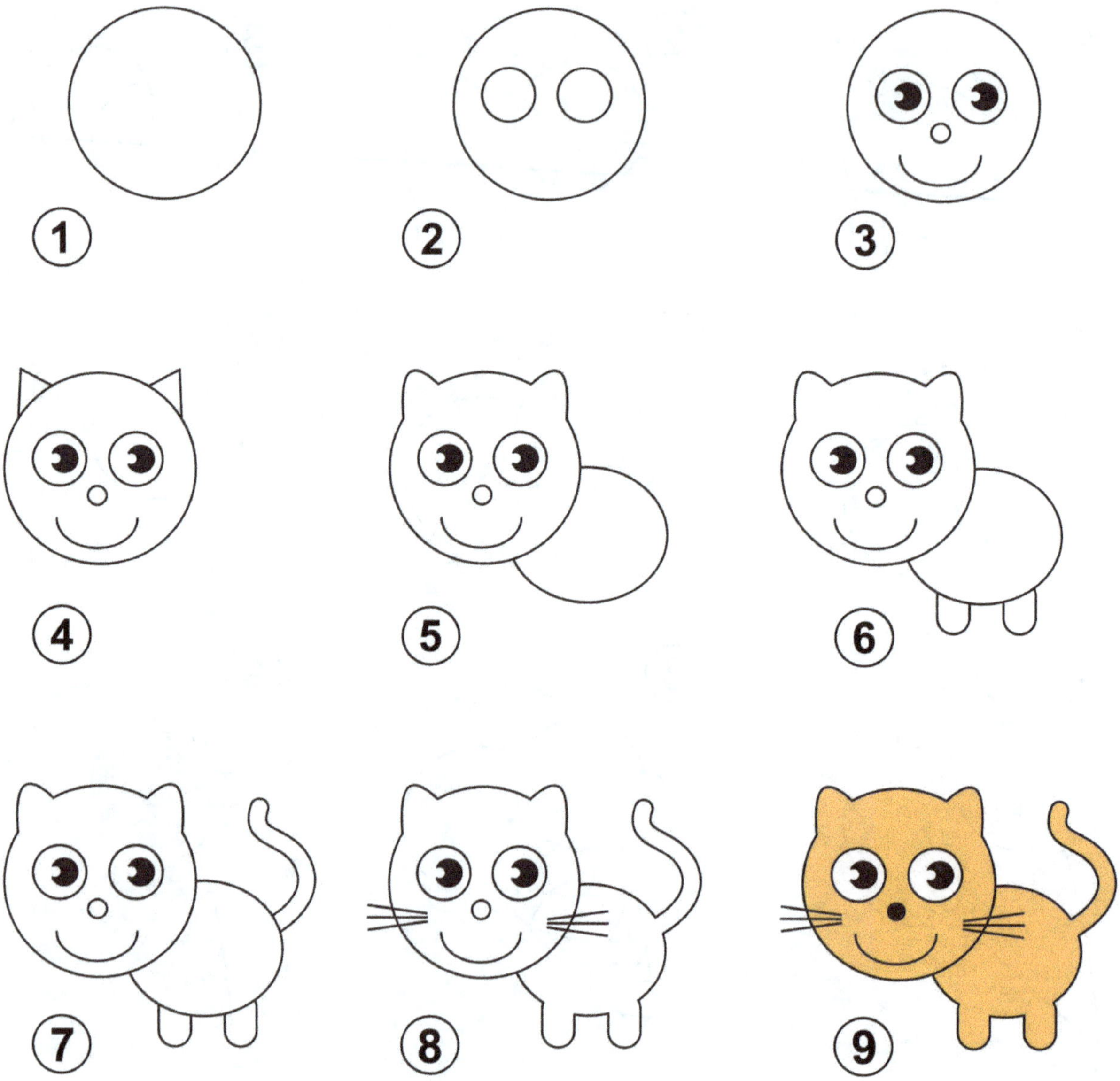

Coccinelle

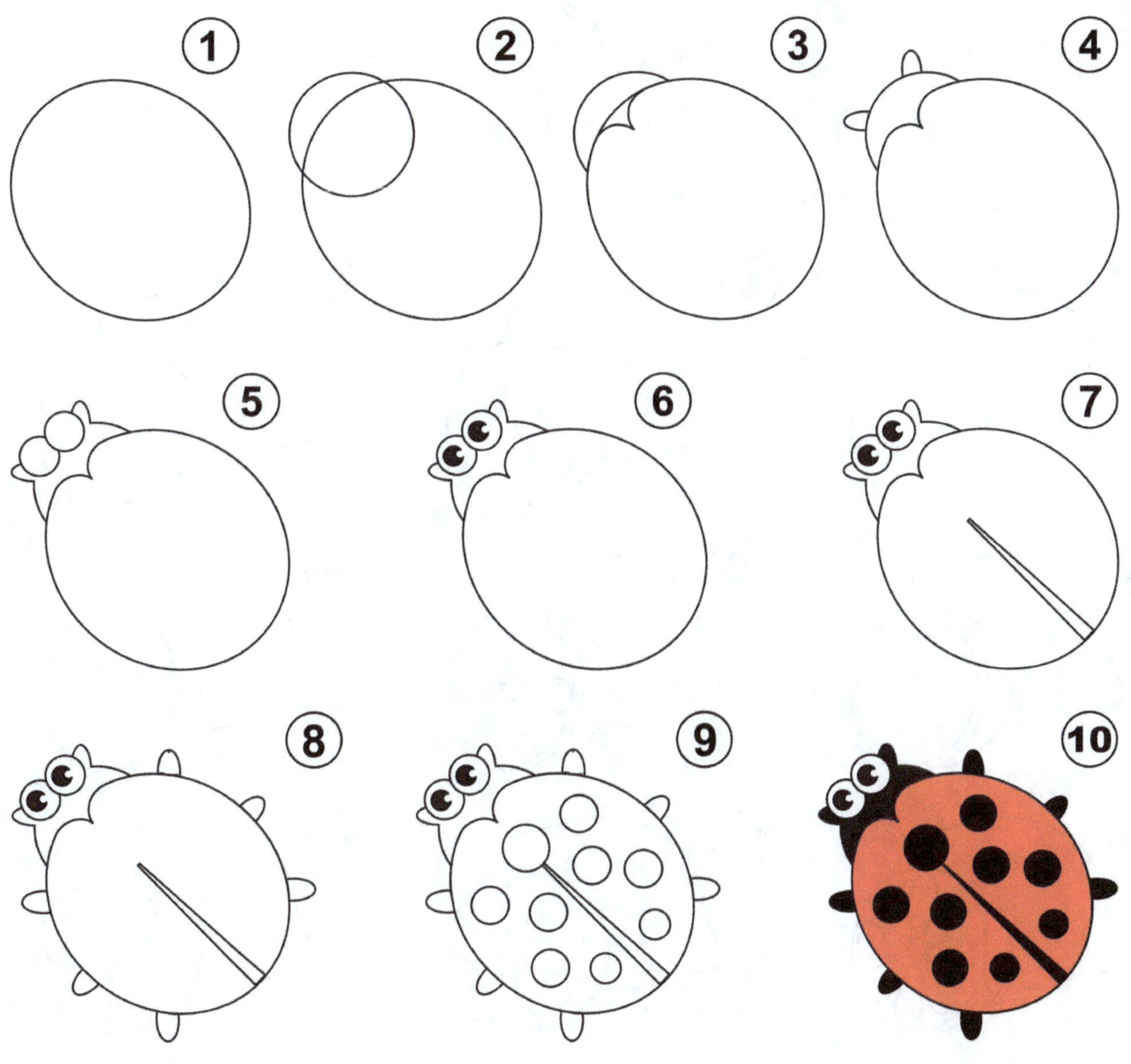

Citron

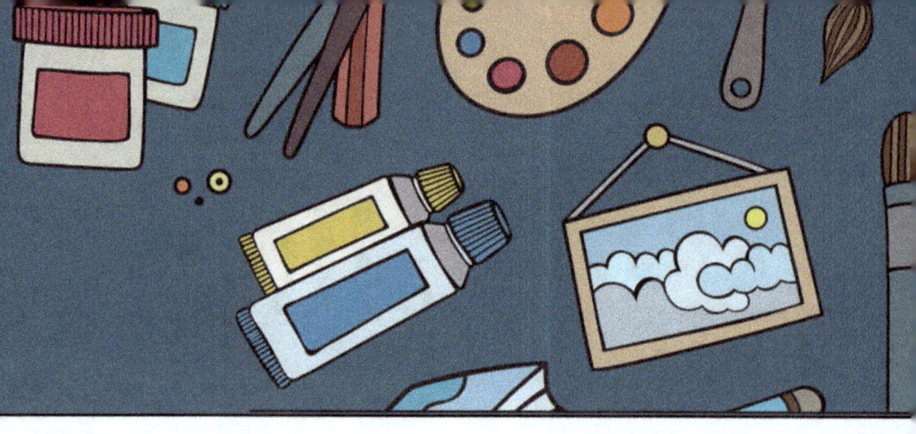

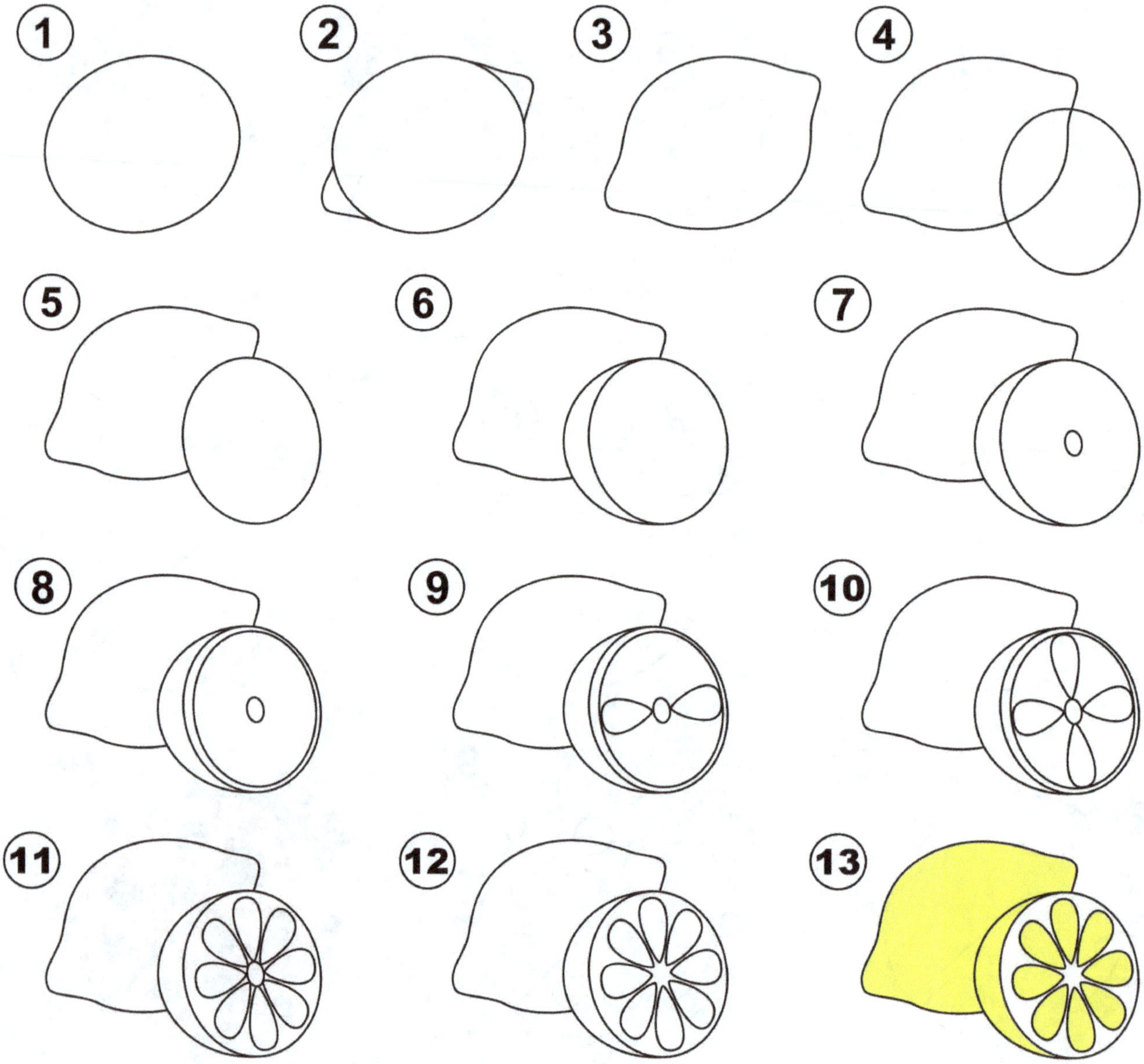

(1) (2) (3) (4)

(5) (6) (7)

(8) (9) (10)

(11) (12) (13)

Singe

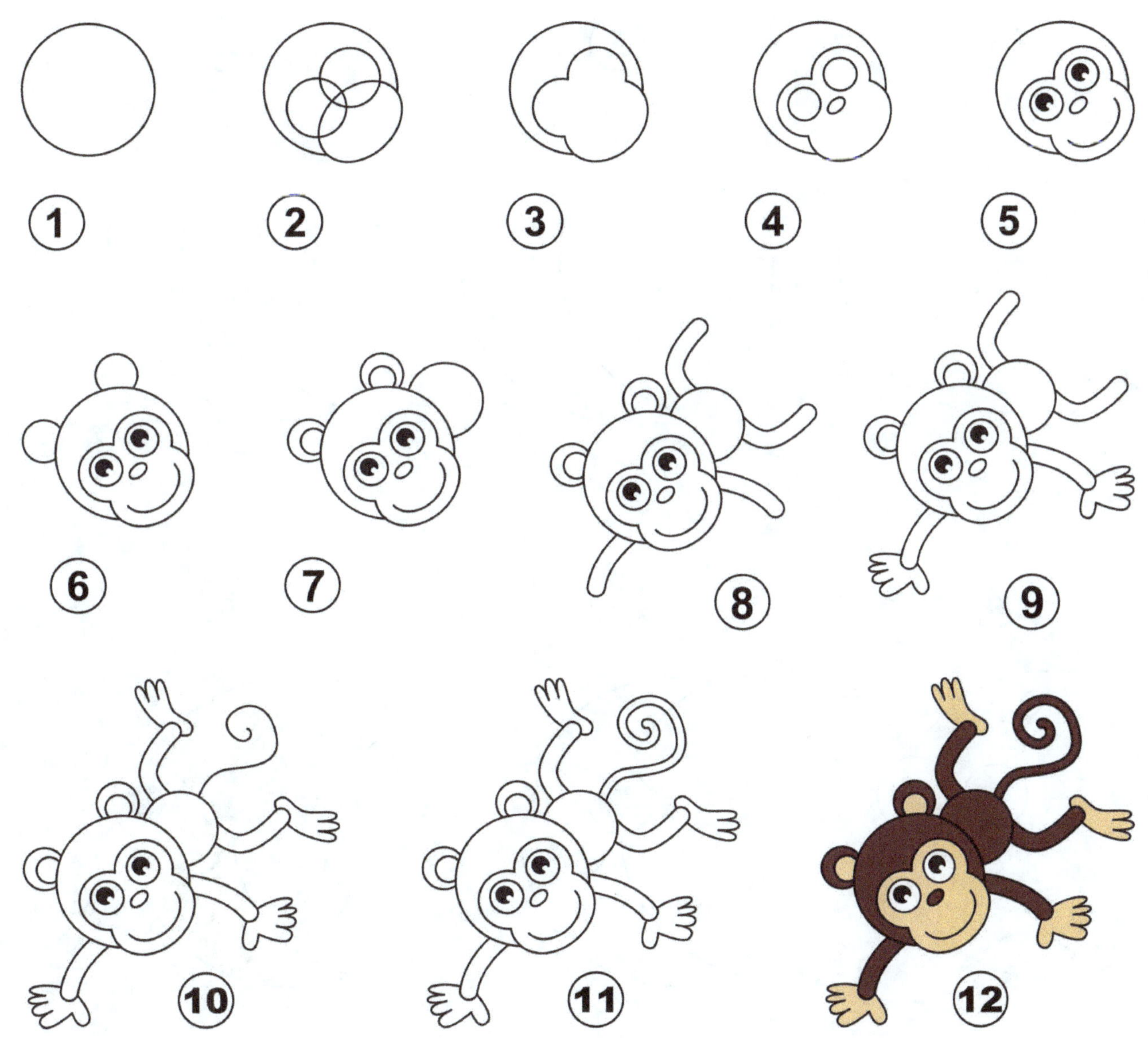

Lune

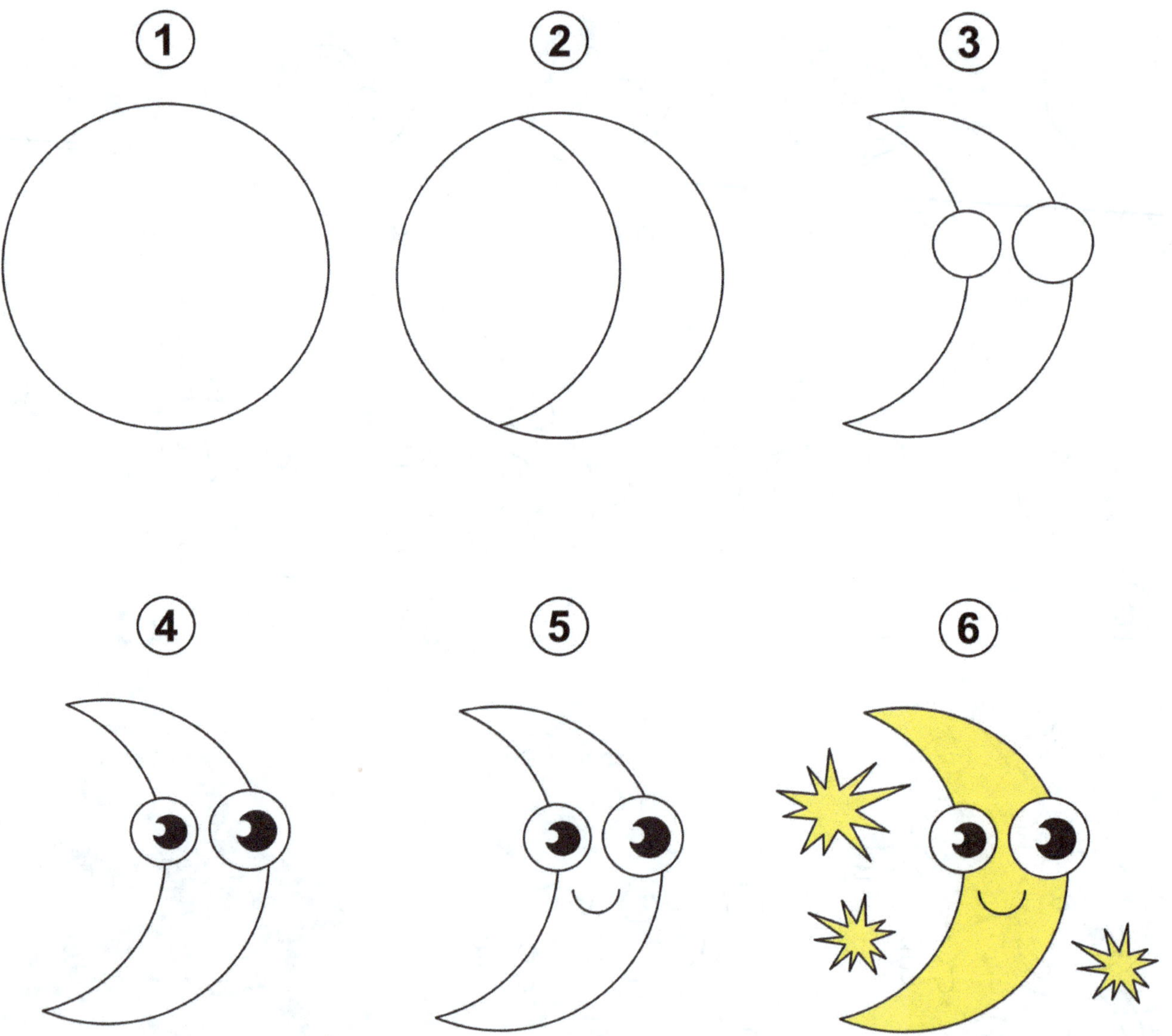

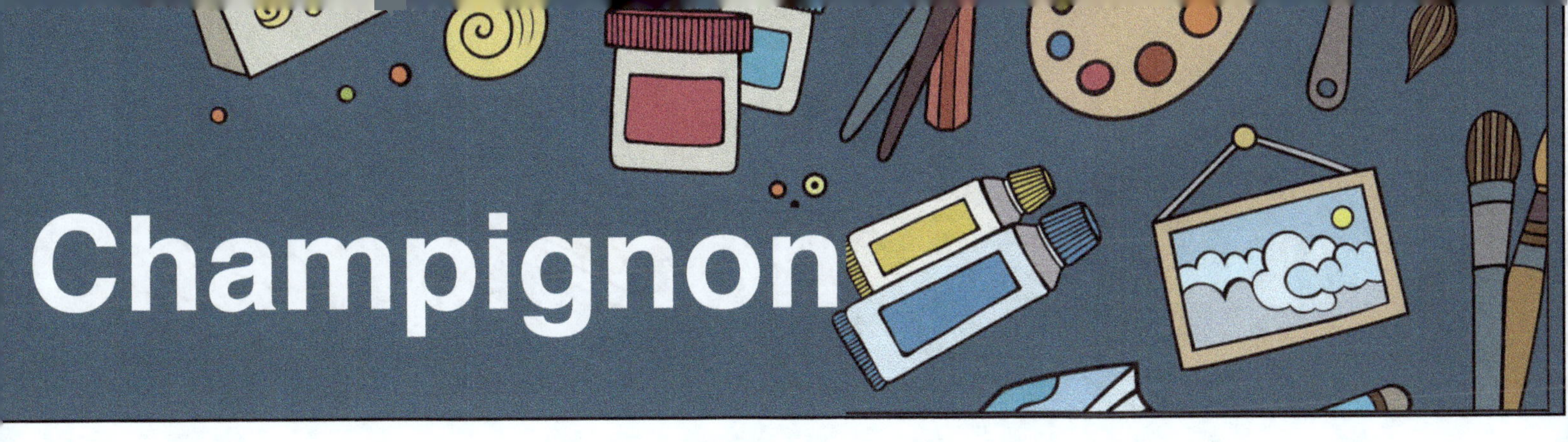

Champignon

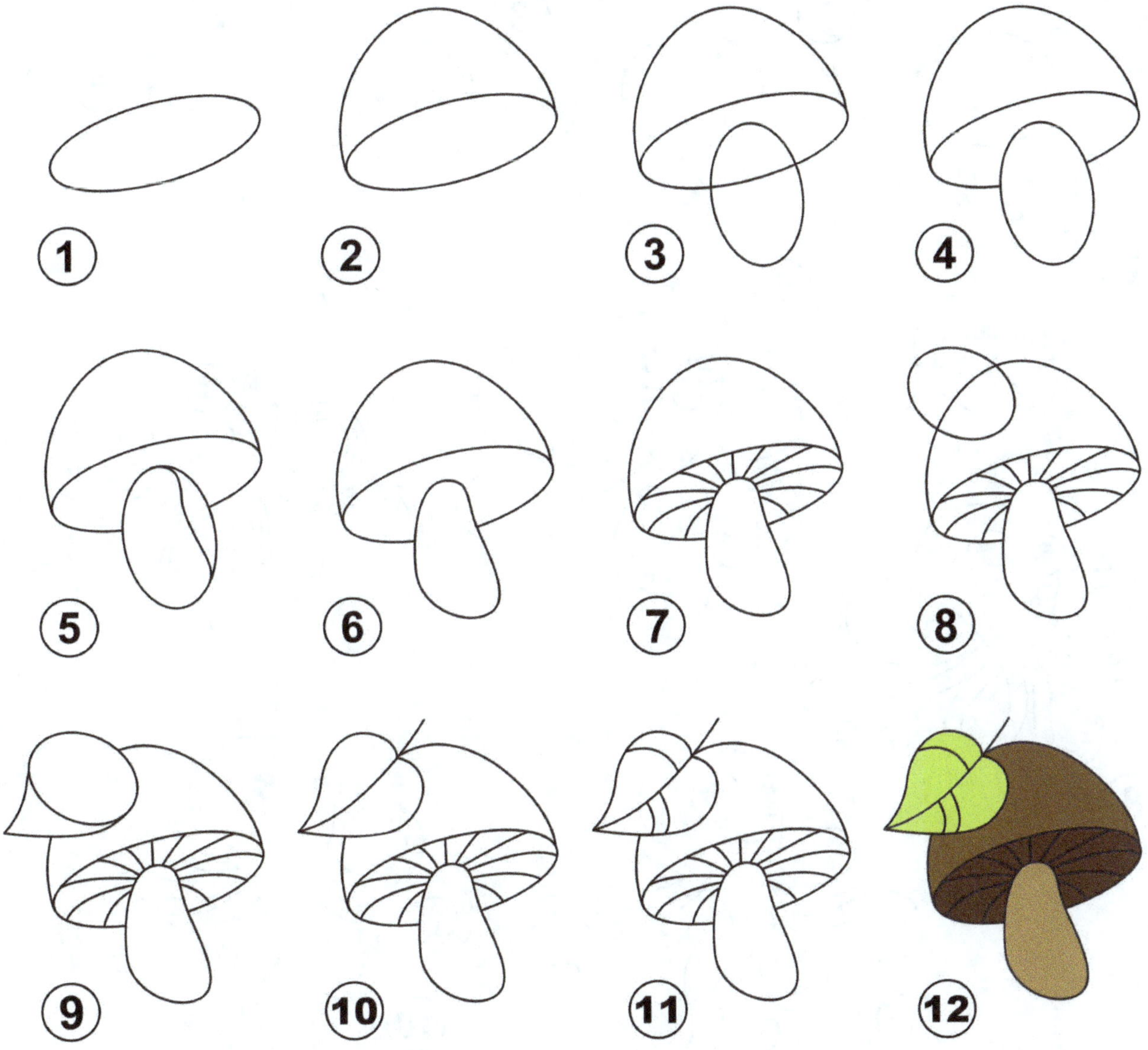

Poulpe

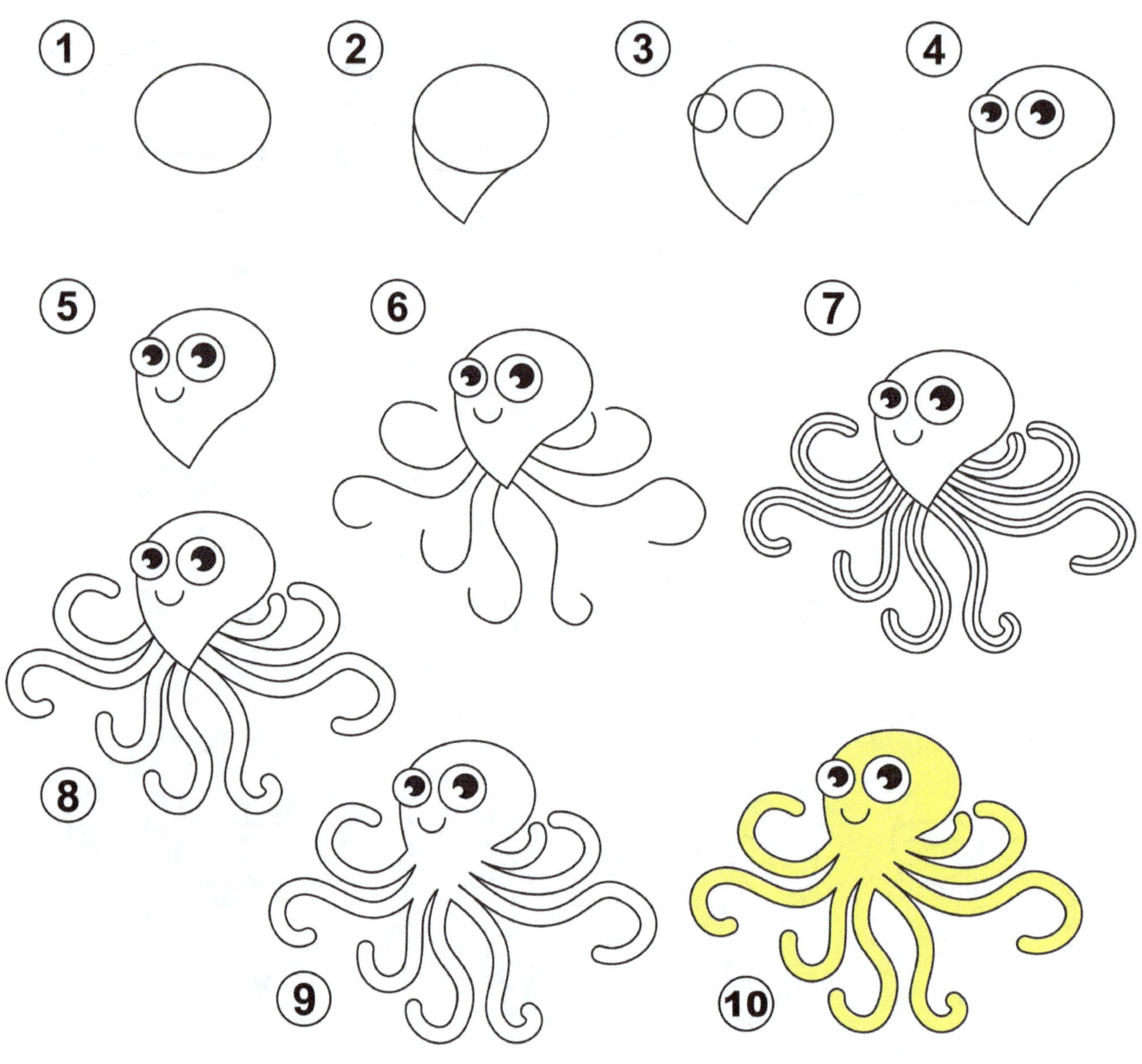

Hibou

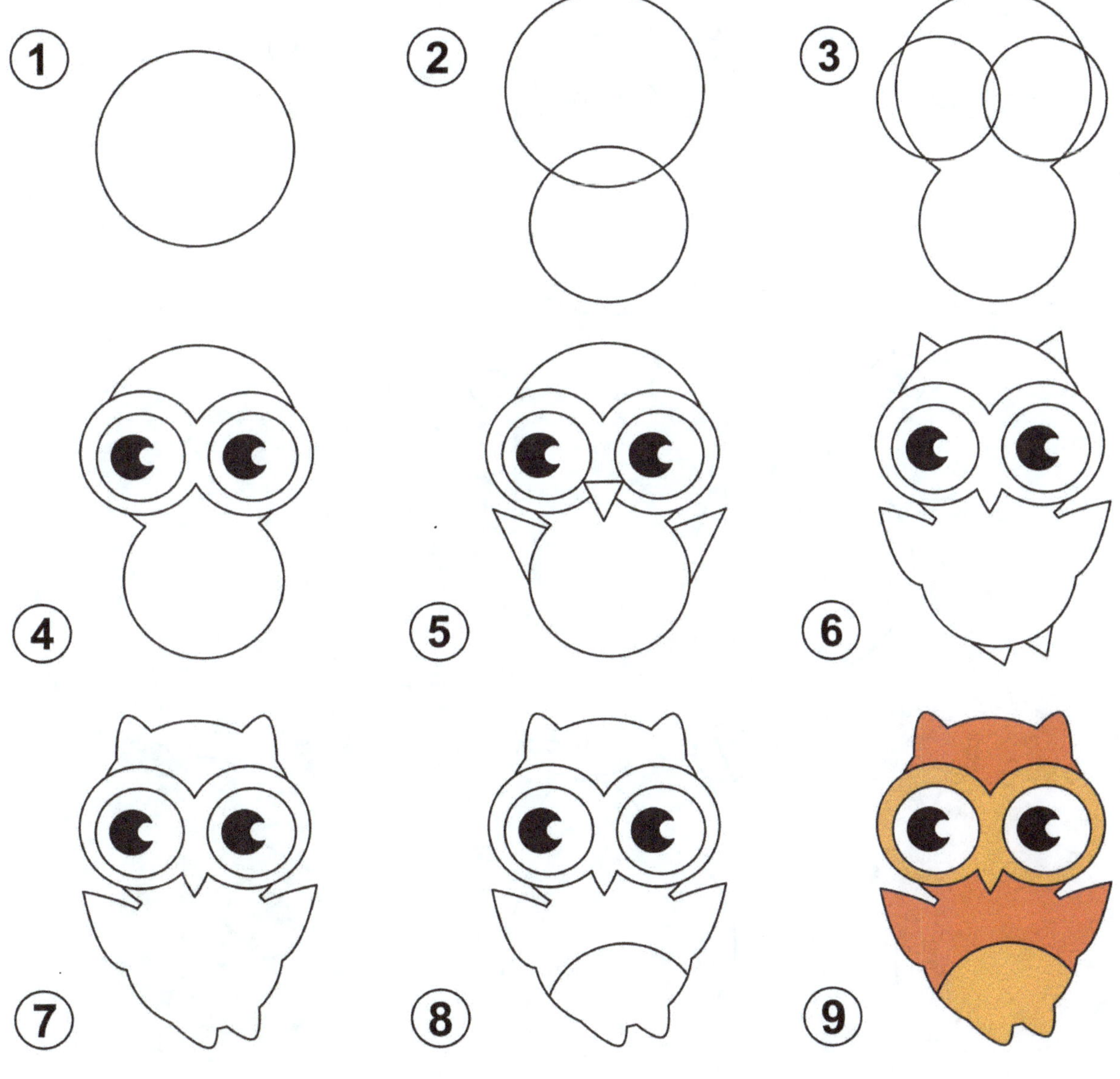

Poire

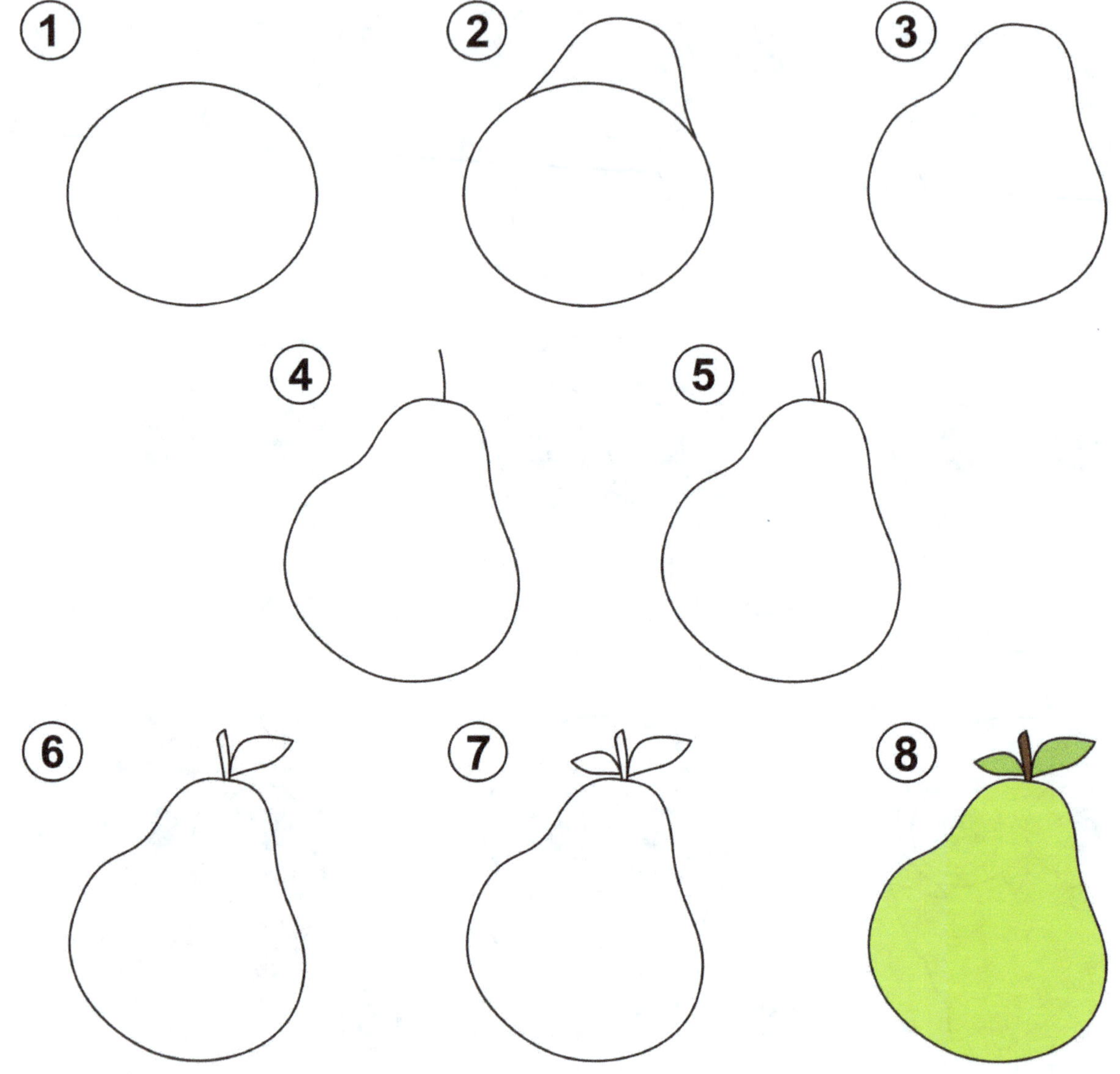

Oiseau rose

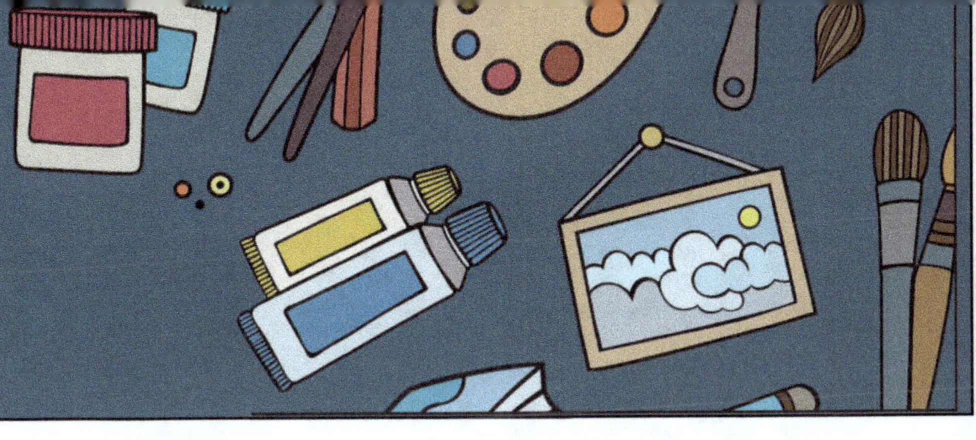

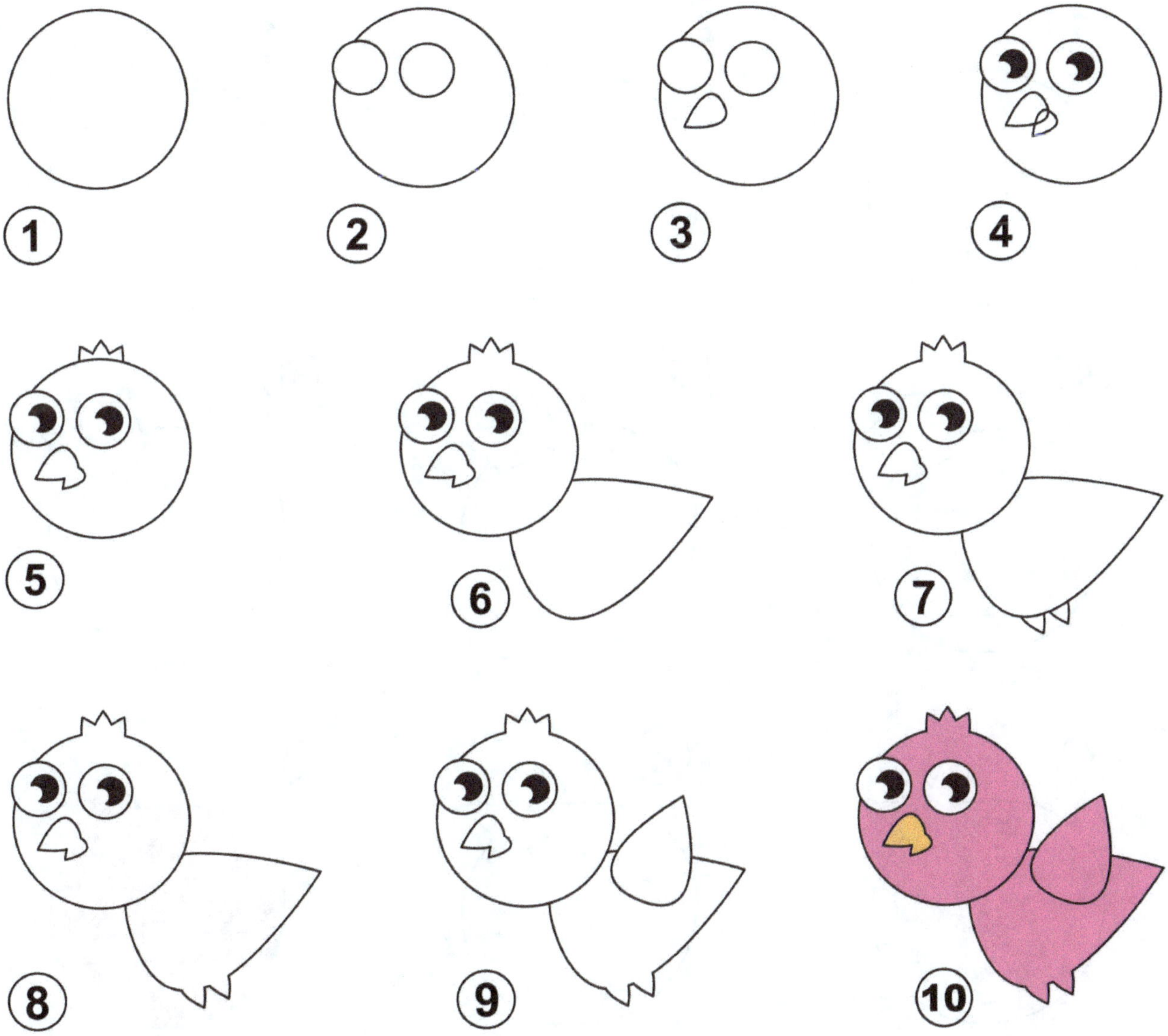

Grenade

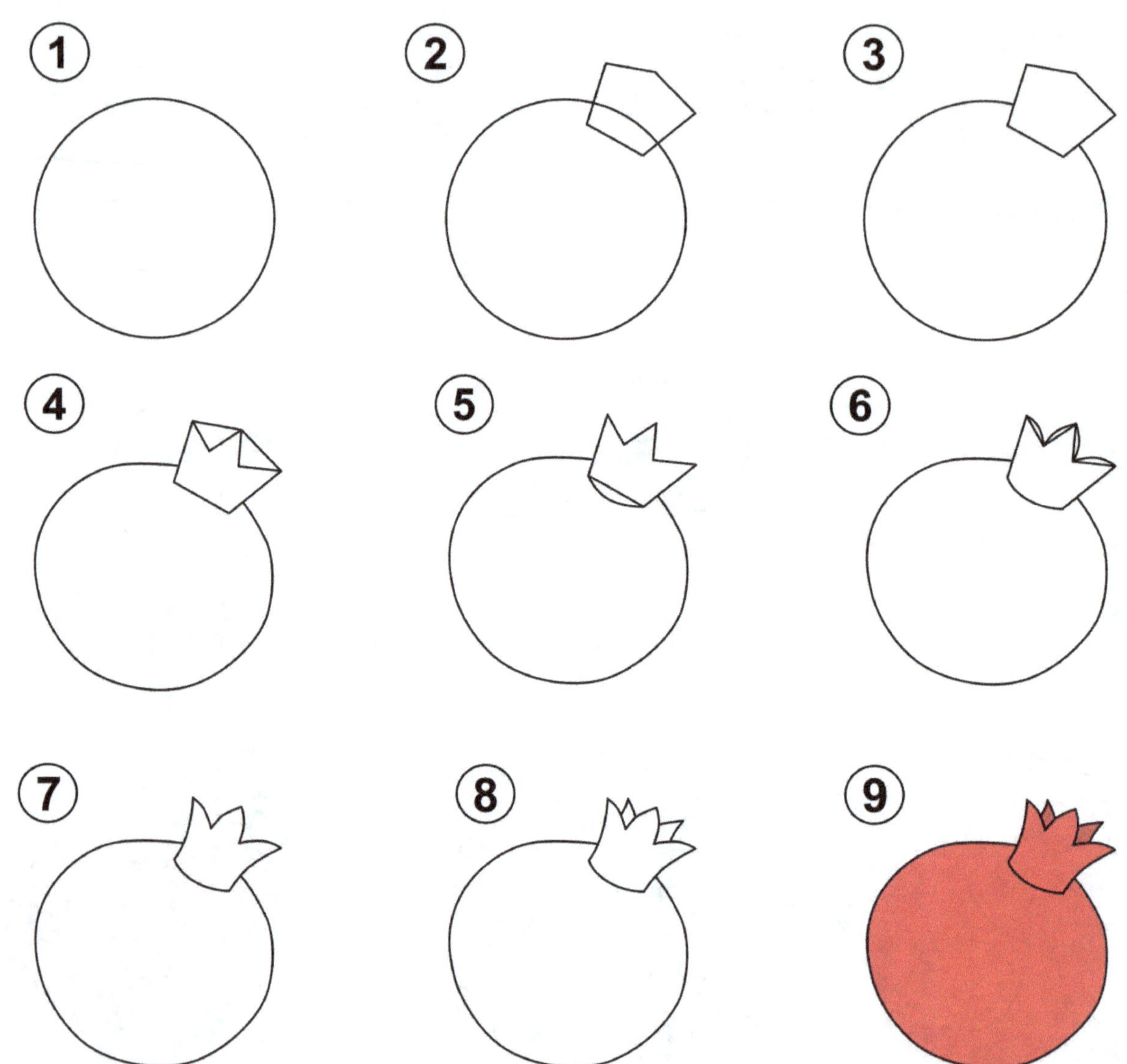

Pot flower

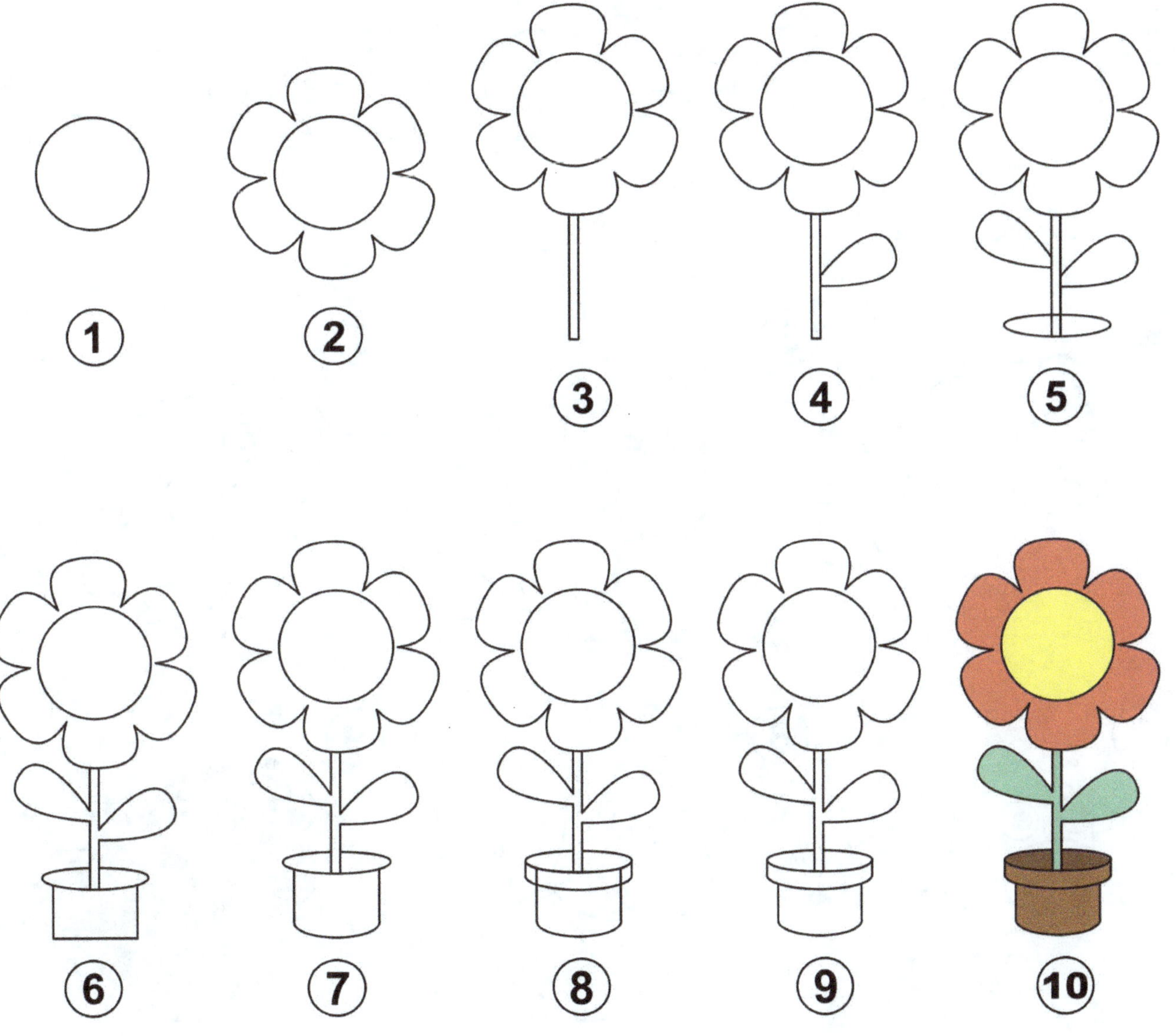

Chiot

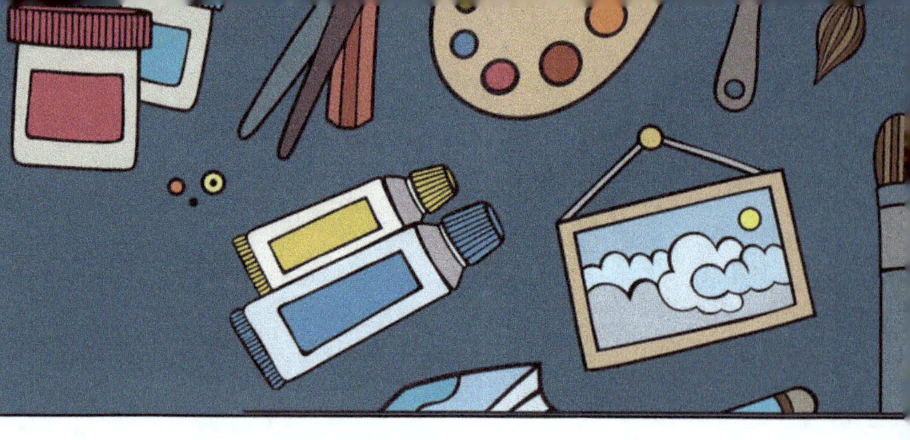

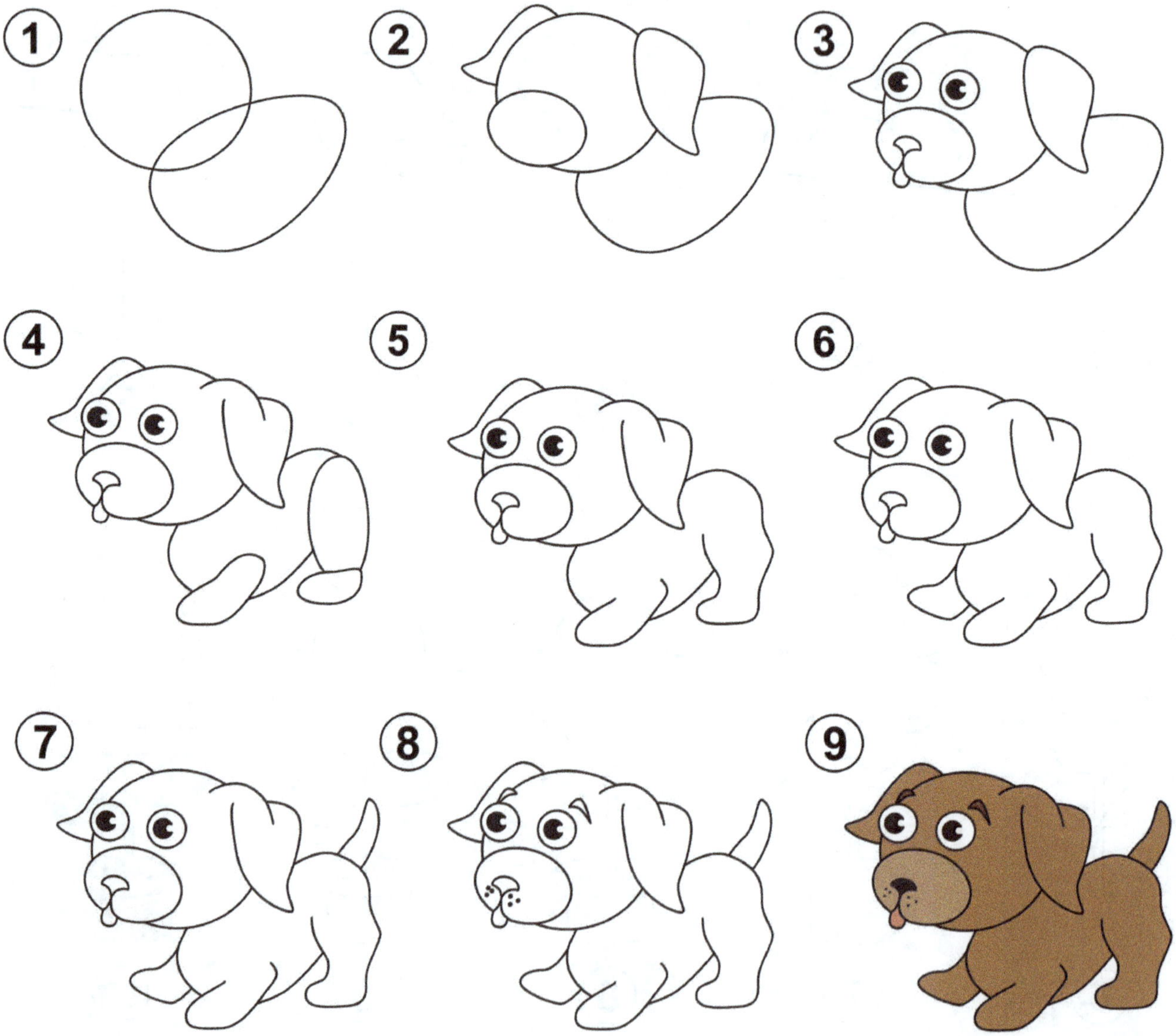

Lapin

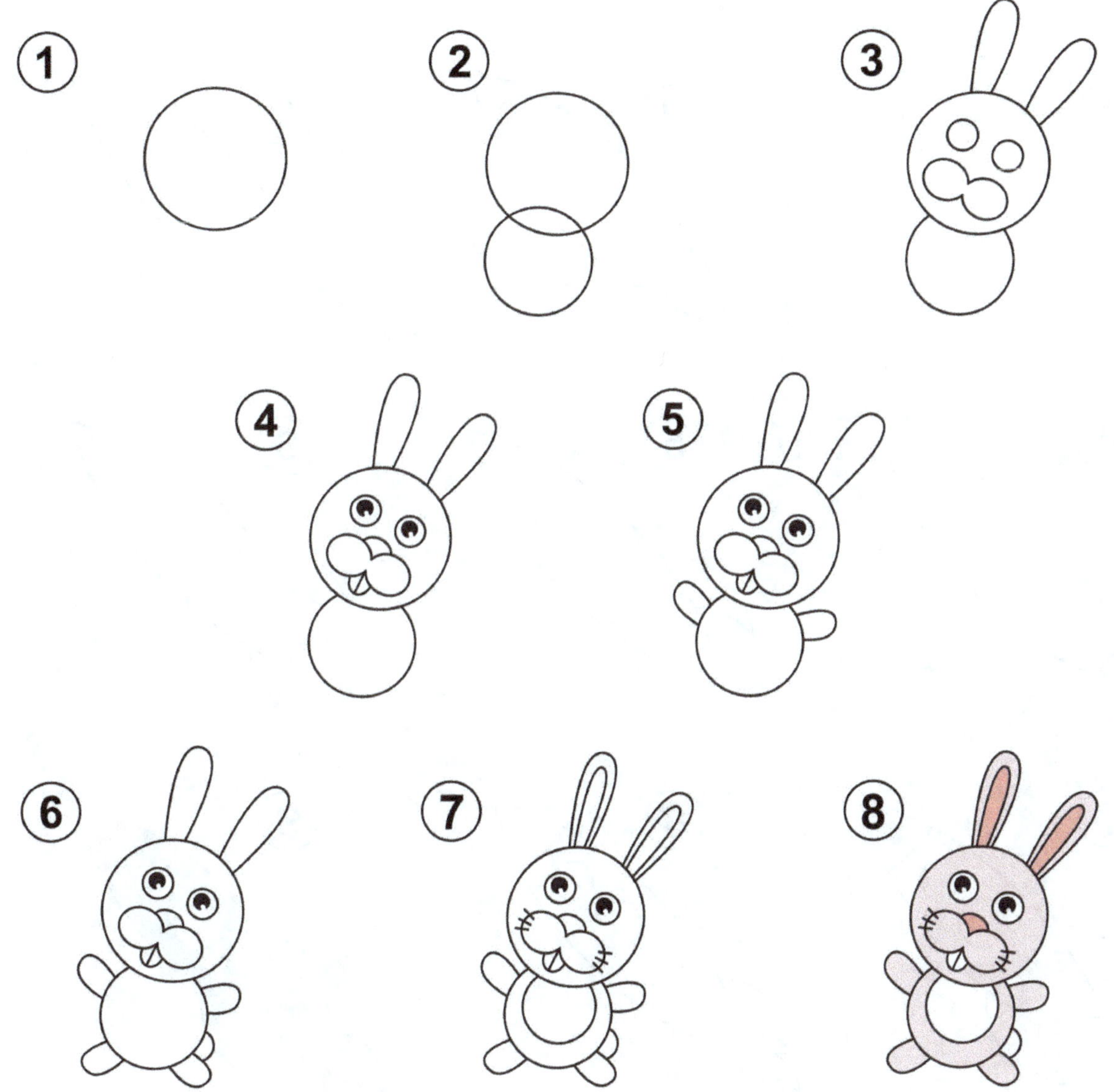

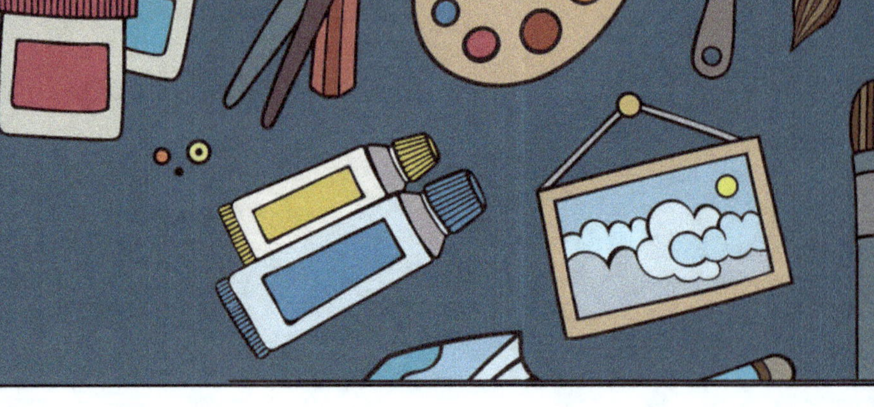

FusÈe

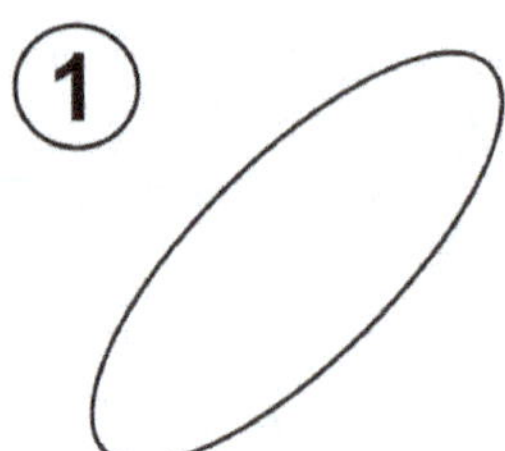

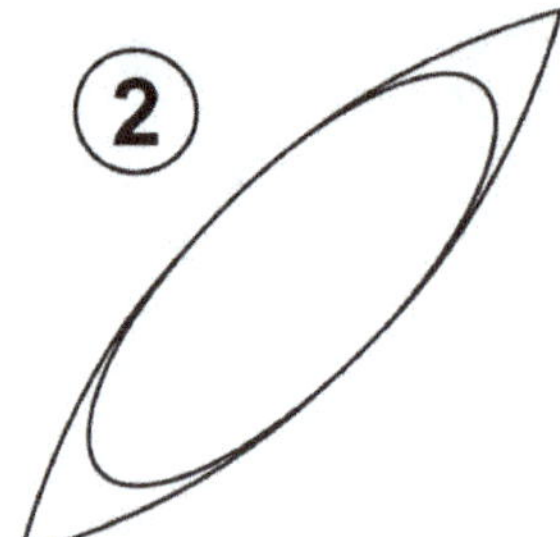

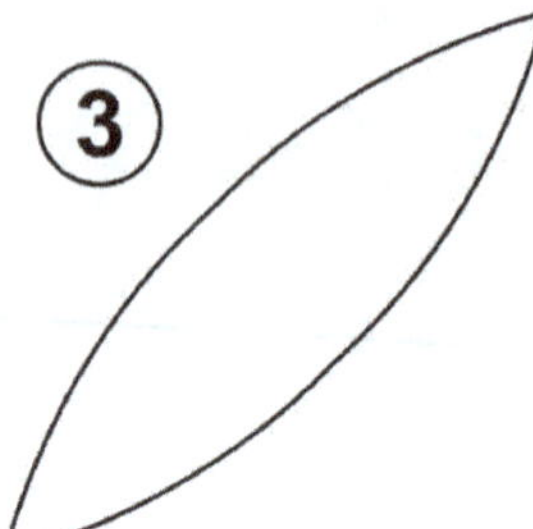

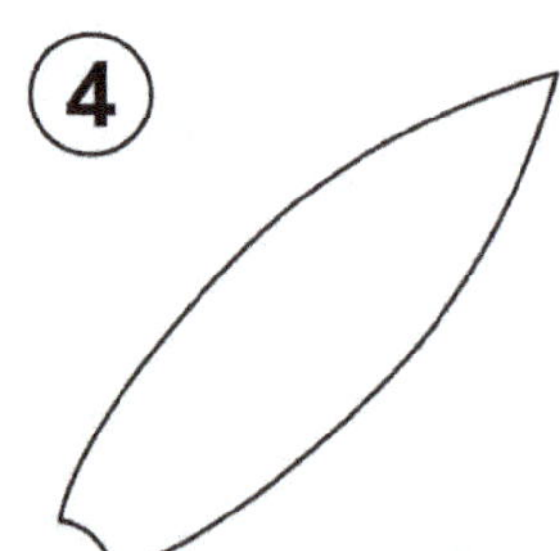

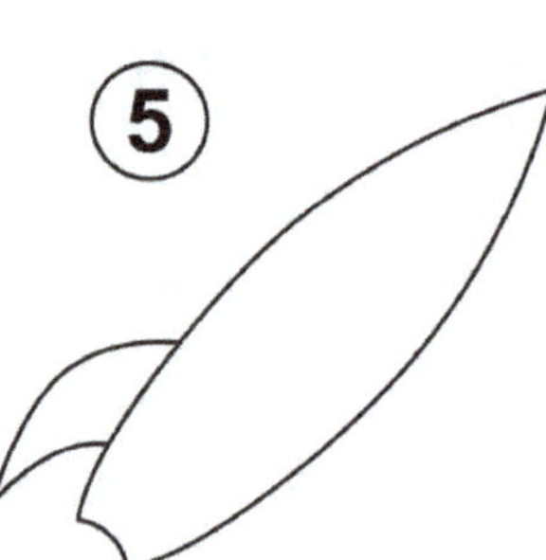

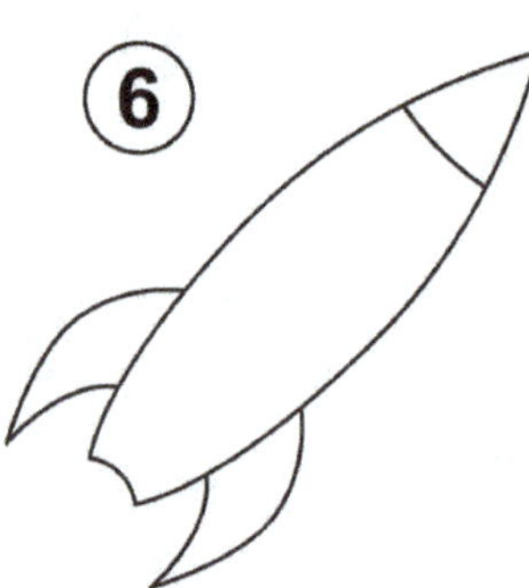

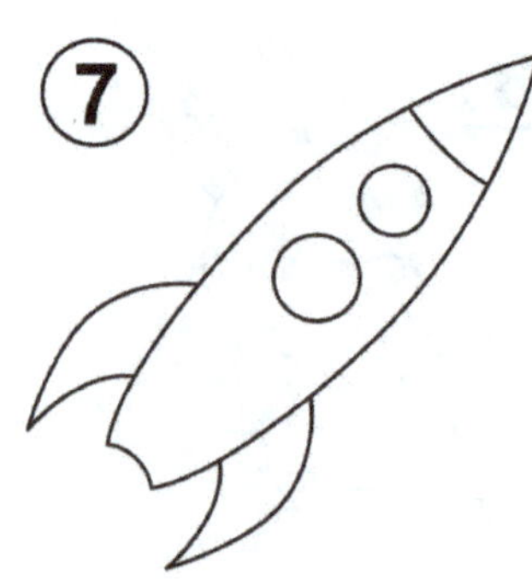

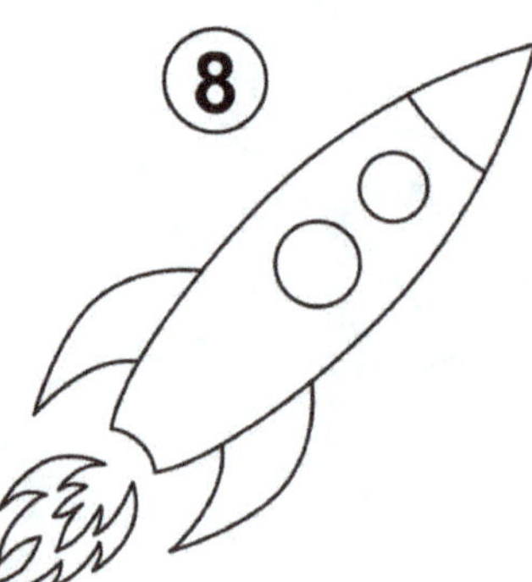

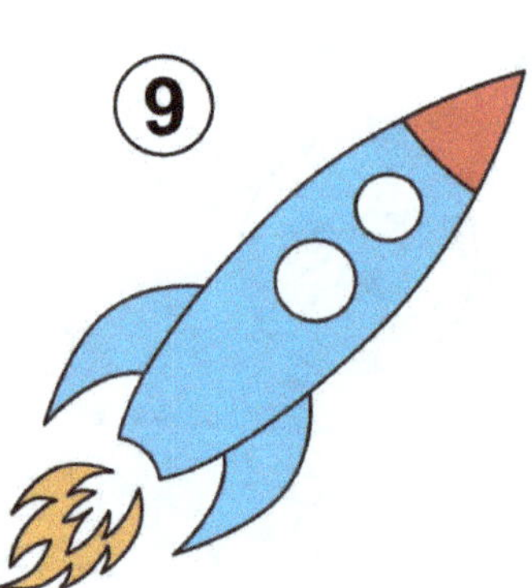

Serpent

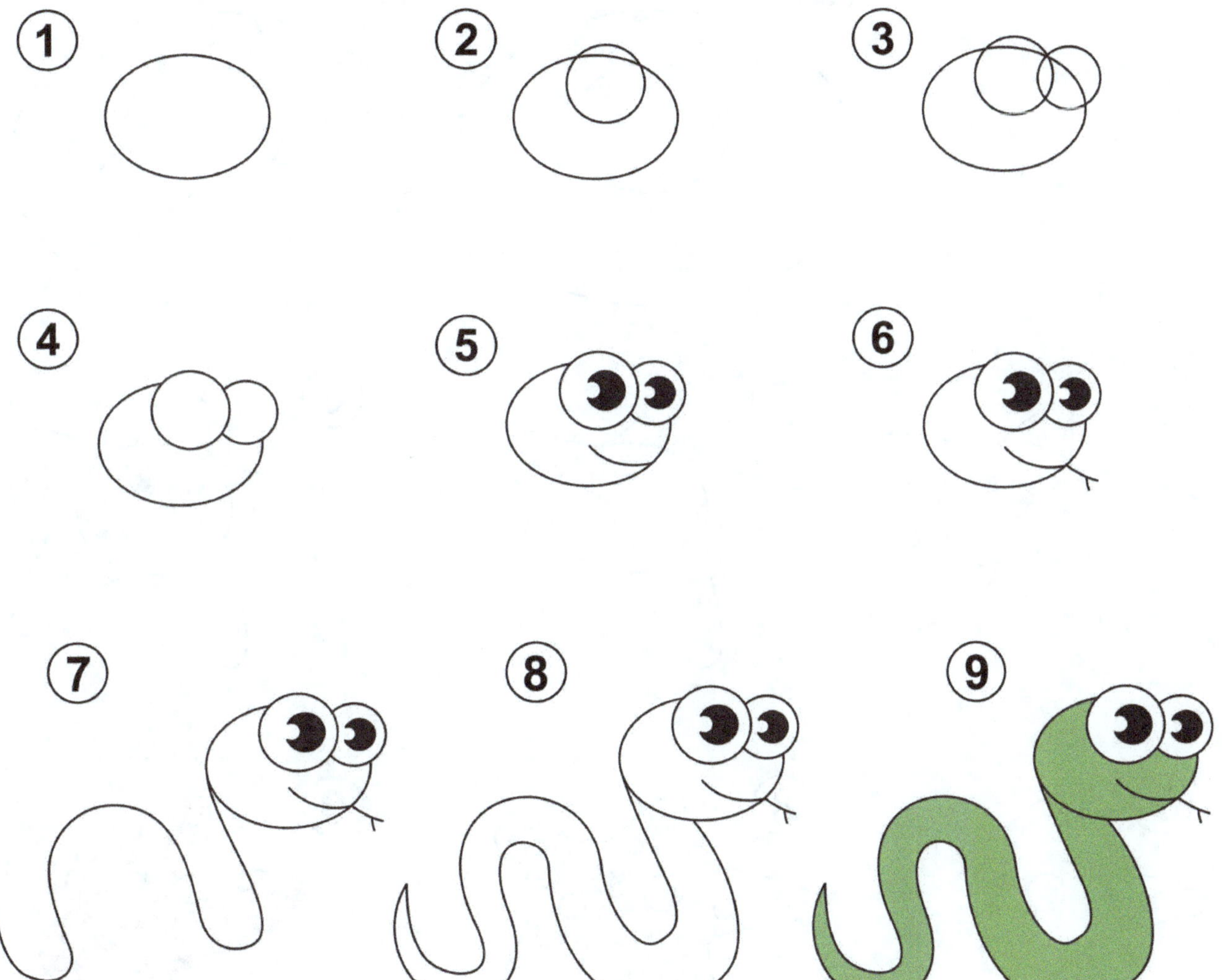

Étoile de mer

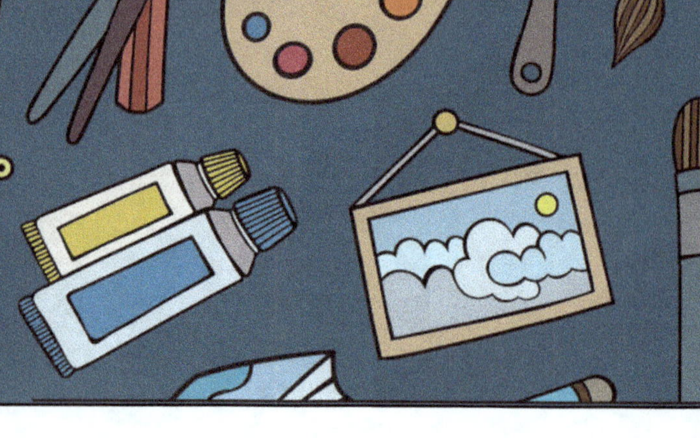

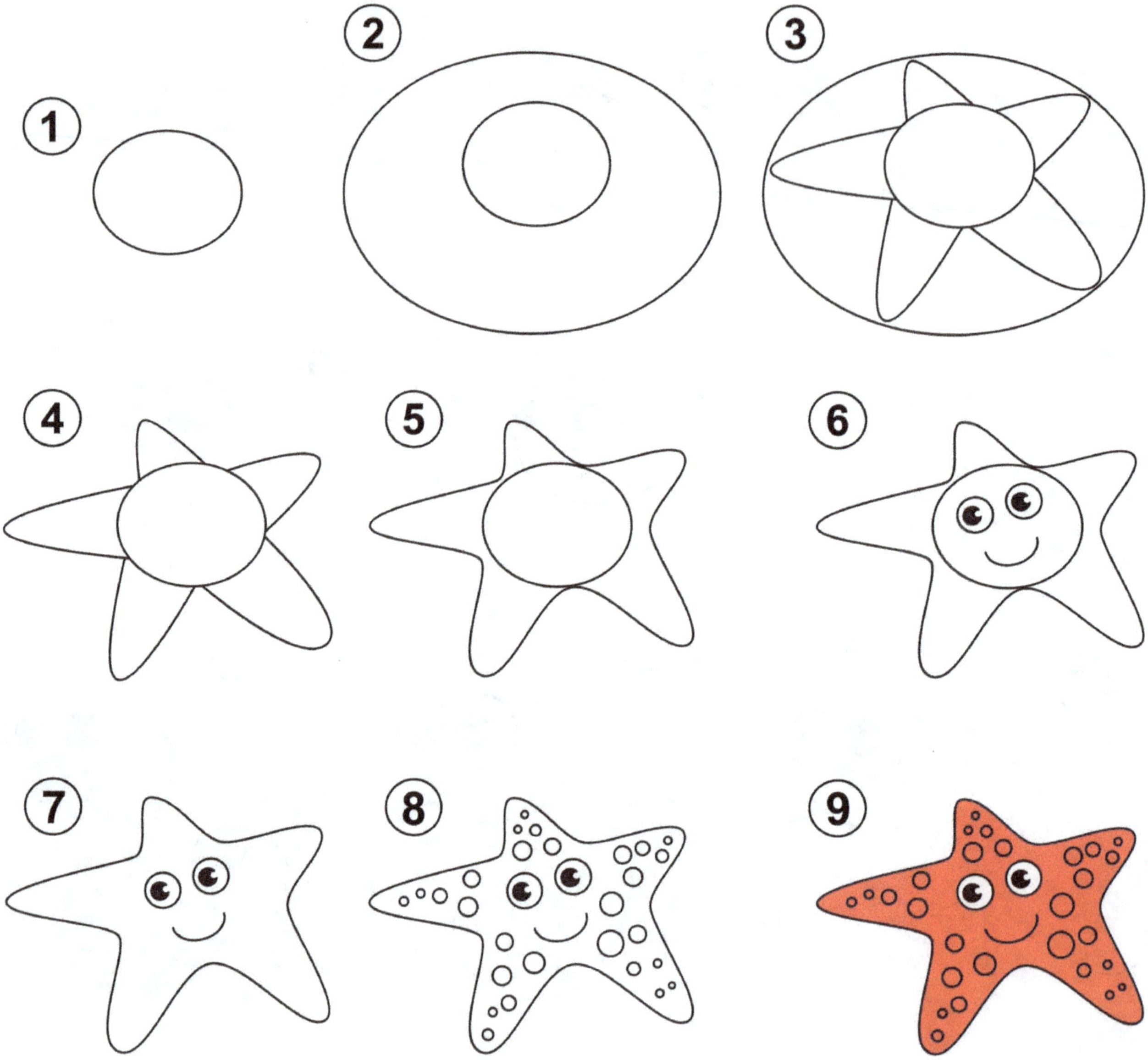

Soleil

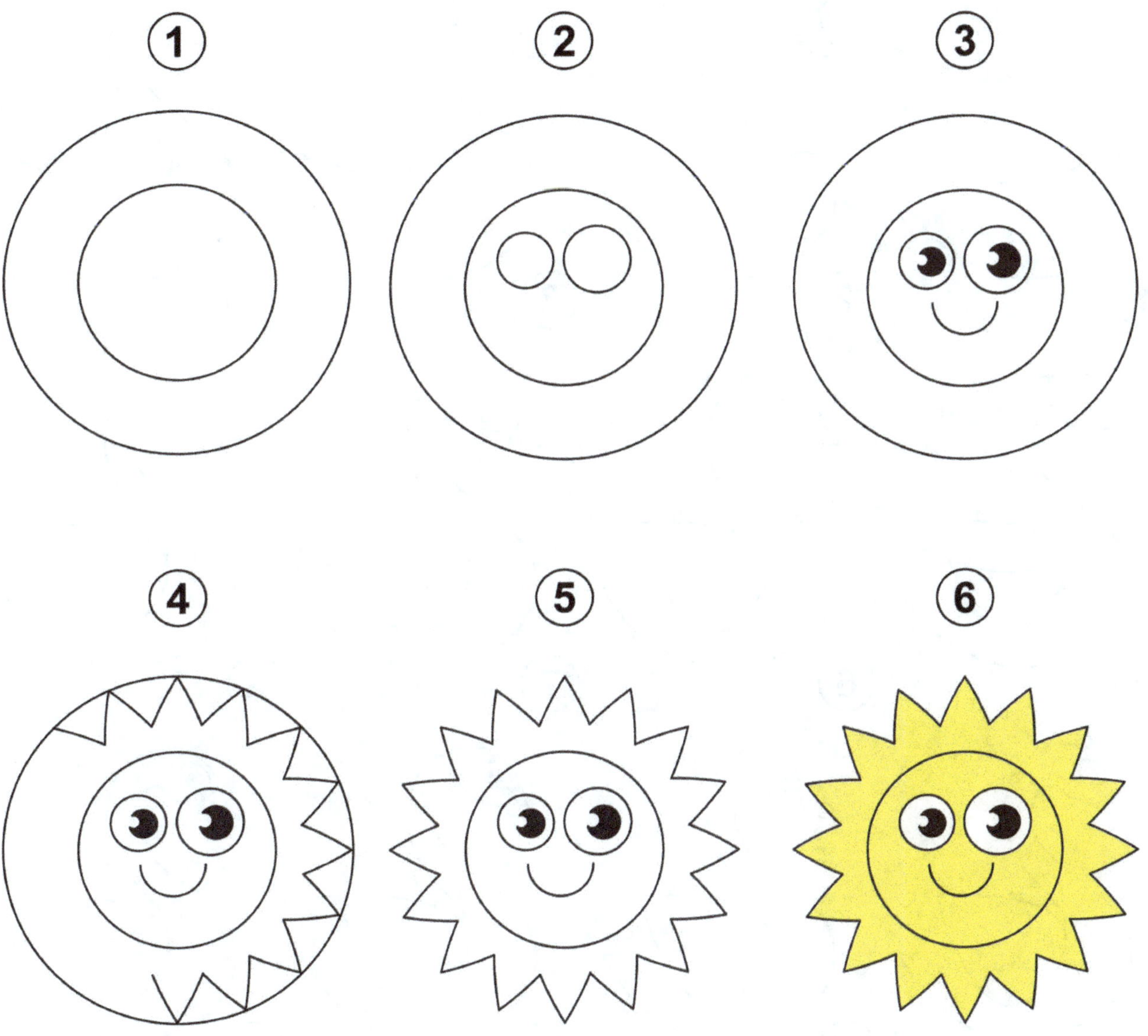

Cygne

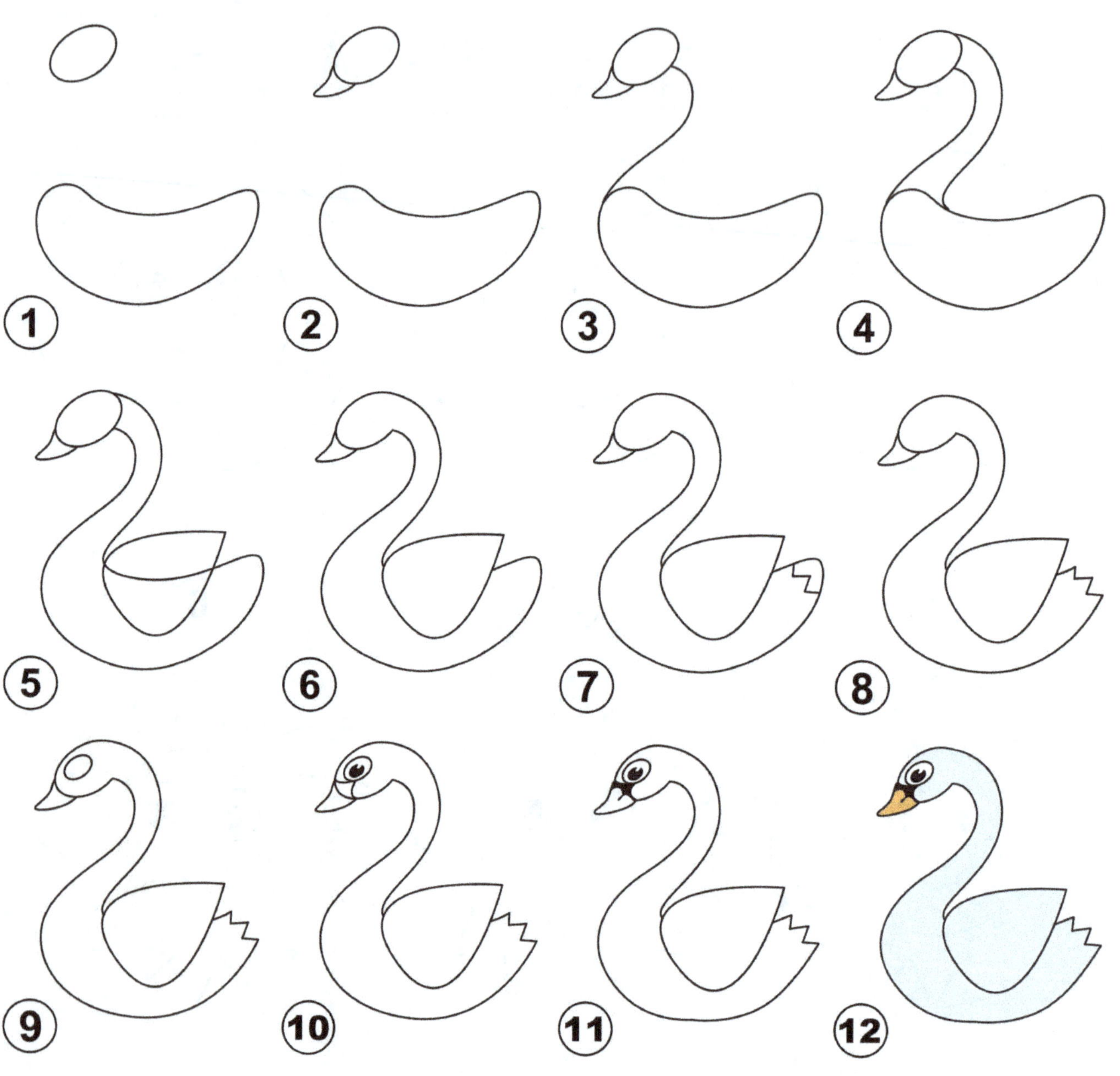

Tabouret de crapaud

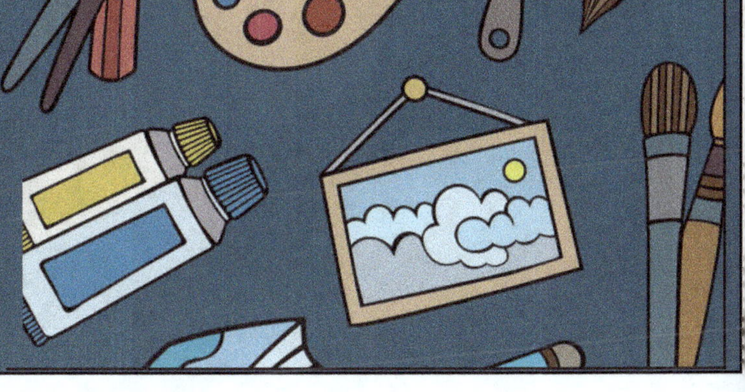

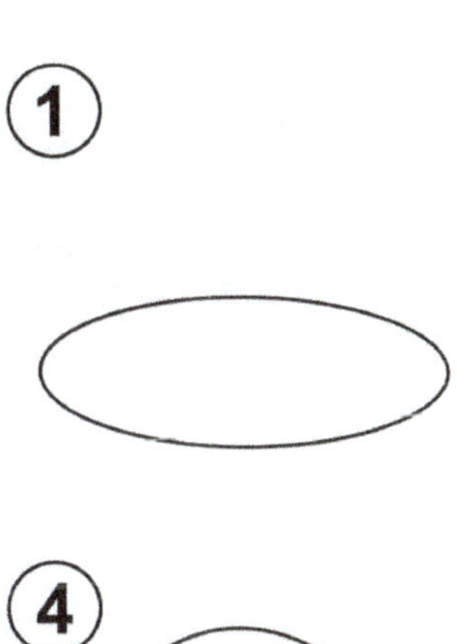

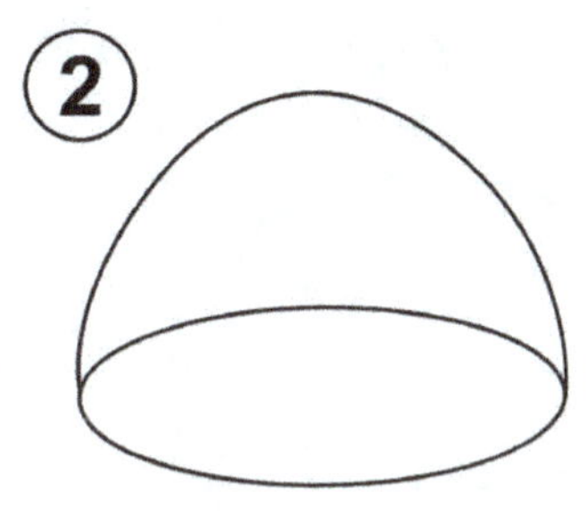

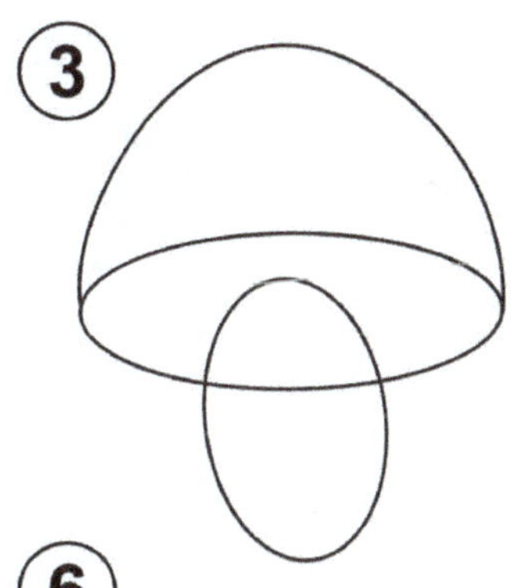

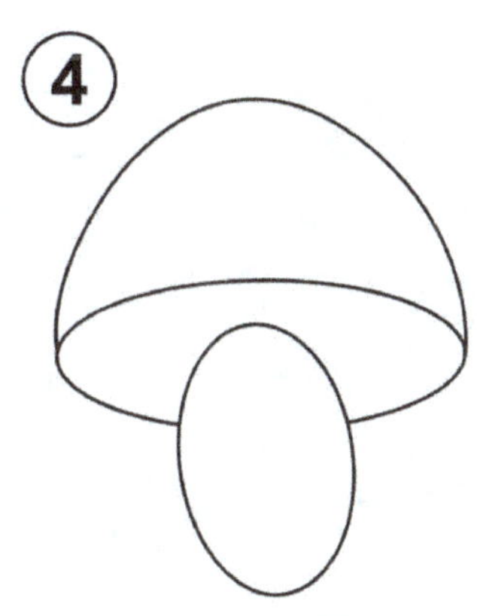

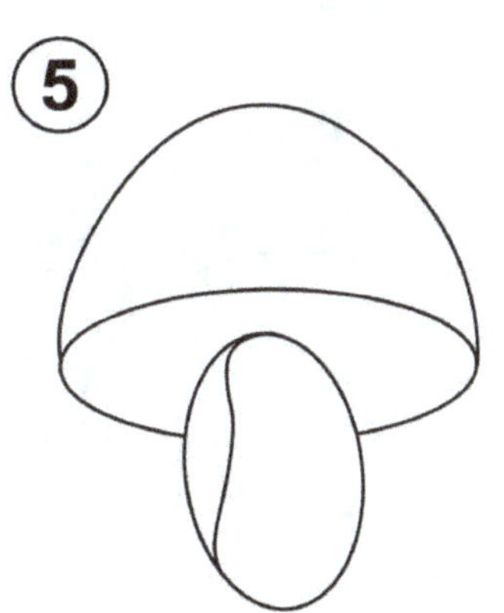

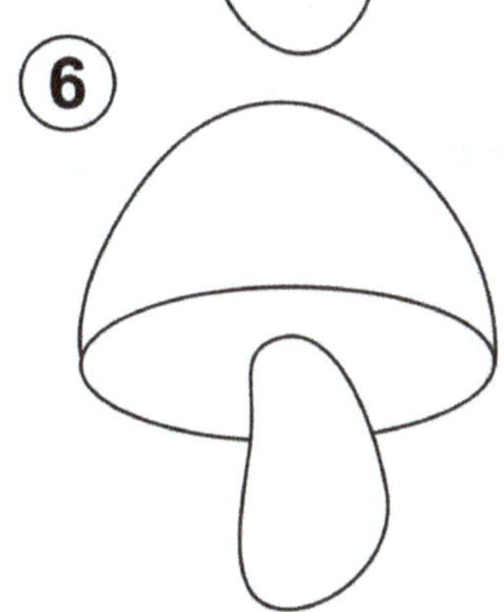

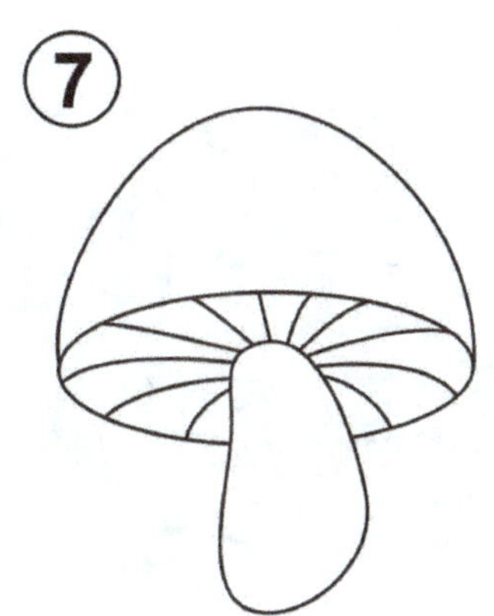

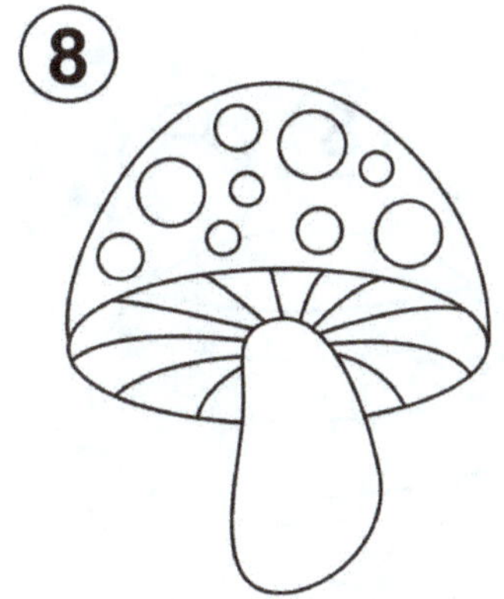

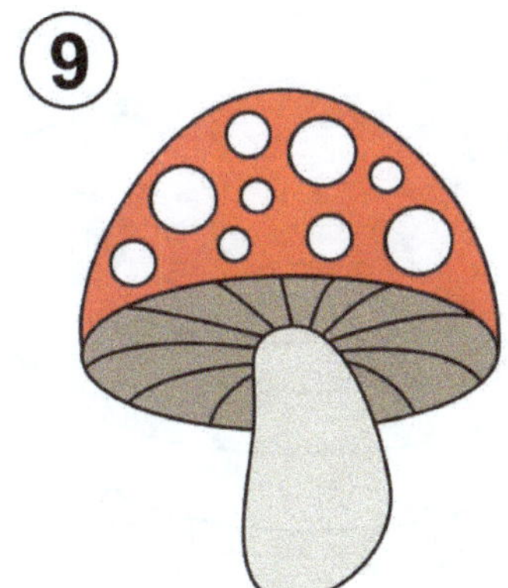

Tortue

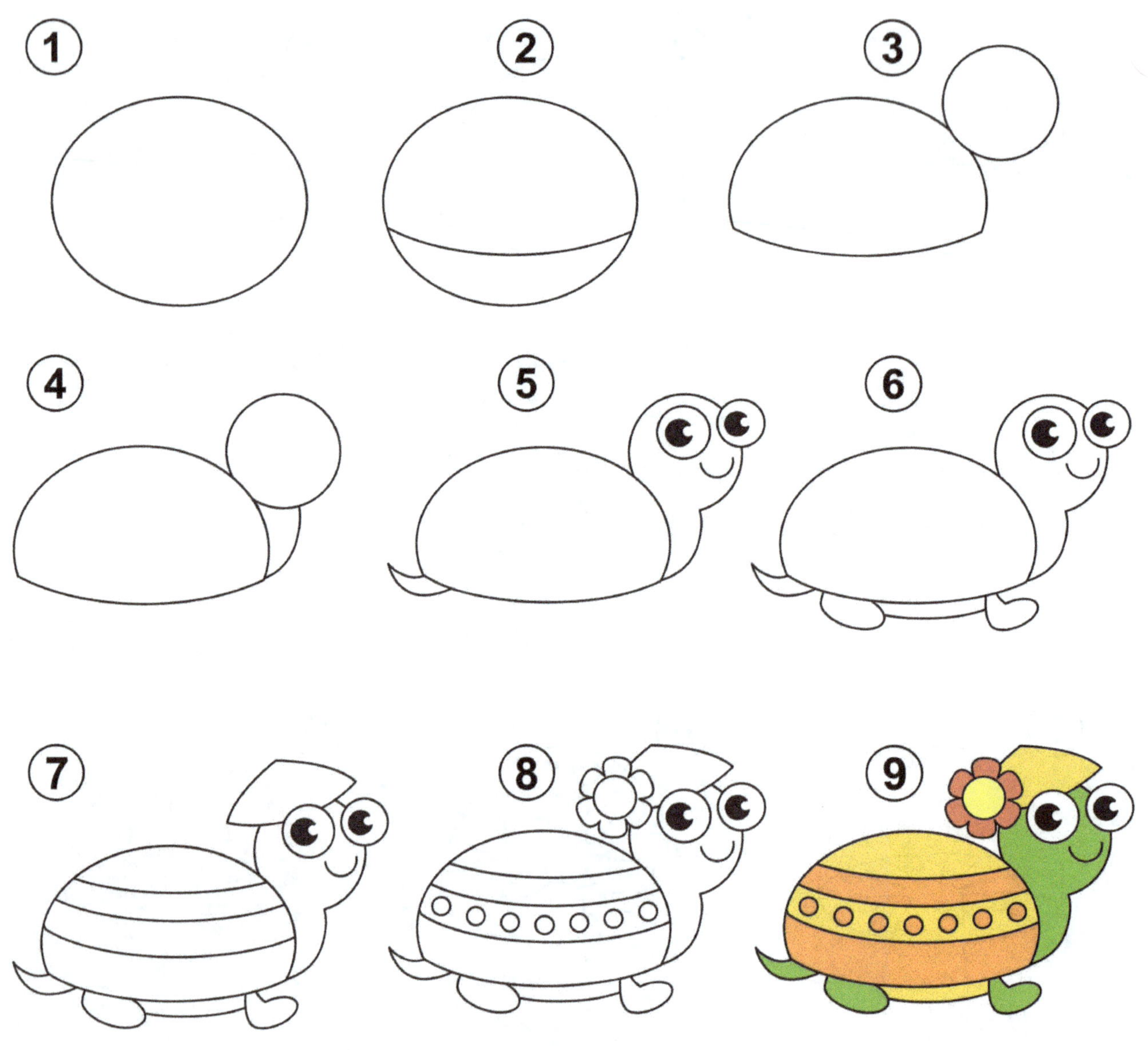

Parapluie

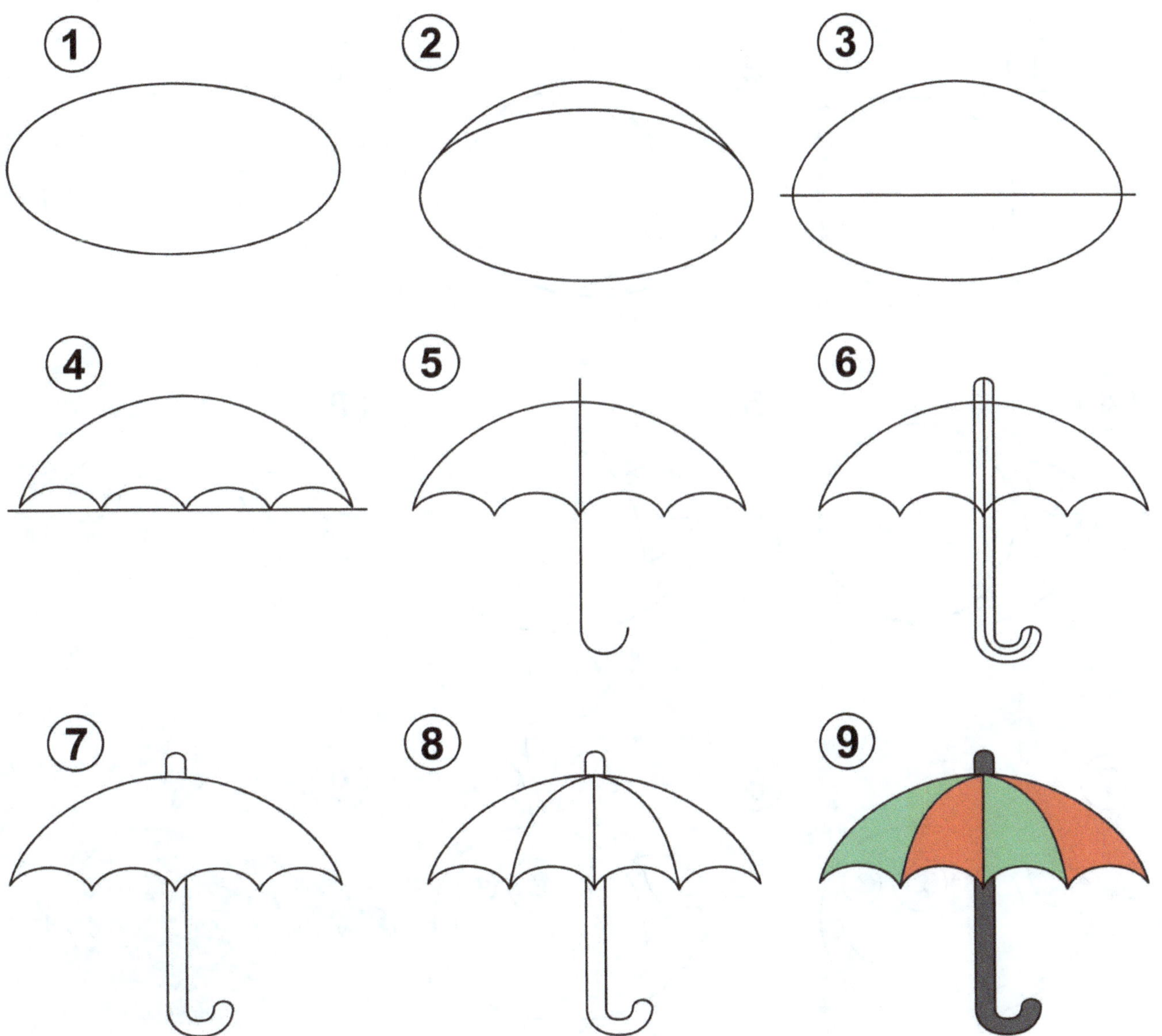

Baleine

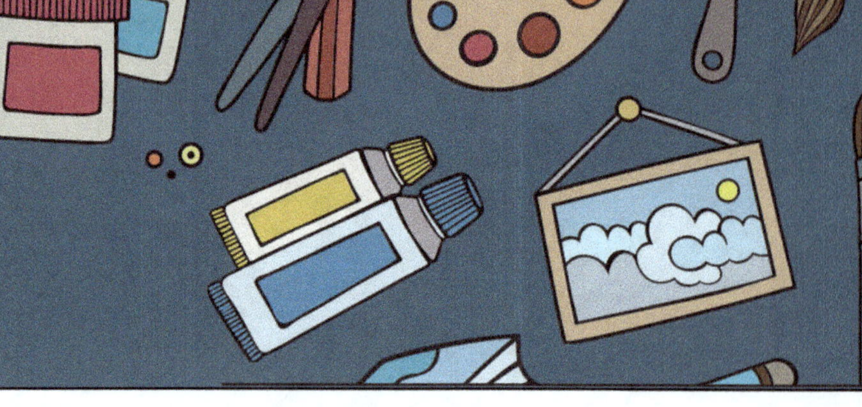

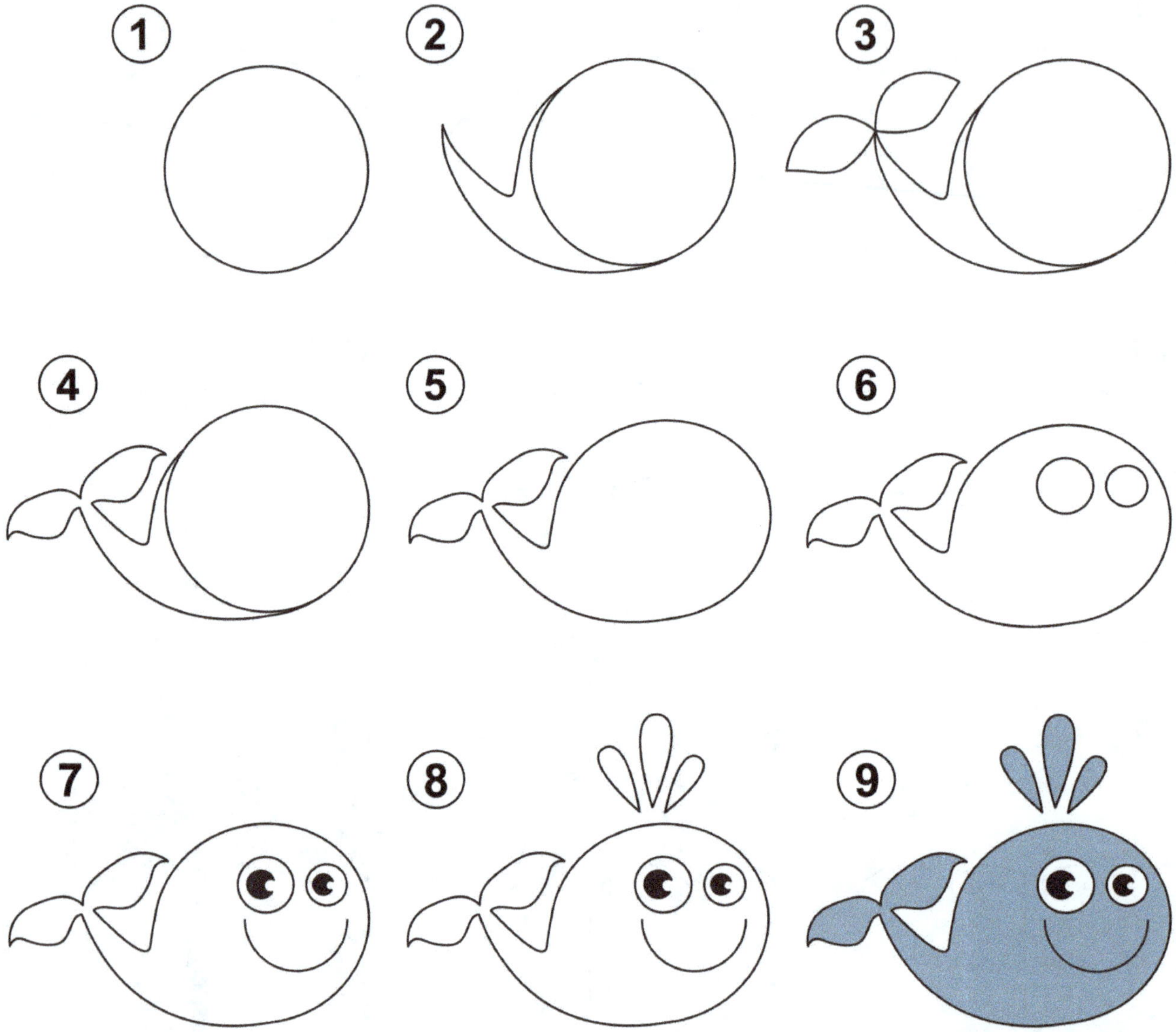

Yak

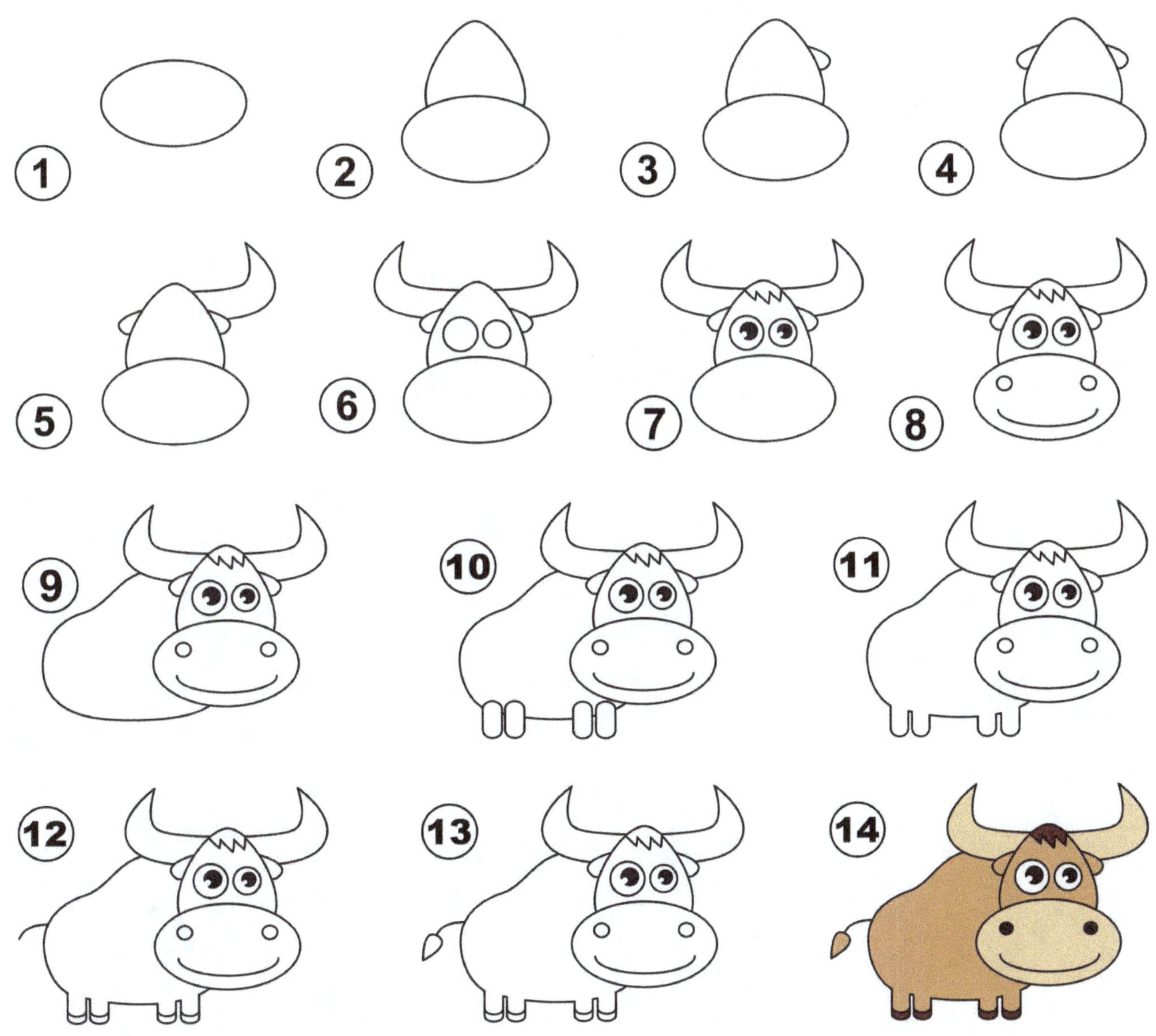